BEYOND THE ARCHIPELAGO

Muhammad Haji Salleh is a professor of Literature at the National University of Malaysia, Bangi, Selangor, Malaysia.

BEYOND THE ARCHIPELAGO

Selected Poems by

MUHAMMAD HAJI SALLEH

Ohio University Center for International Studies
Monographs in International Studies

Southeast Asia Series Number 93

Printed in the United States of America
All rights reserved
02 01 00 99 98 97 96 95   5 4 3 2 1

The books in the Center for International Studies Monograph Series
are printed on acid-free paper ∞

Library of Congress Cataloging-in-Publication Data

Muhammad Haji Salleh, 1942–
    Beyond the Archipelago : selected poems / by Muhammad Haji Salleh.
        p.   cm. —(Monographs in international studies. Southeast
Asia series ; no. 93)
    ISBN 0-89680-181-0 (pbk.)
    1. Malay poetry—20th century—Translations into English.
2. Malay poetry—20th century. 3. Malaysia—Social life and
customs—Poetry. 4. Malaysia—Civilization—Poetry. I. Title.
II. Series.
PL5139.M777B49 1994
899'.281—dc20   94-28337
                                                        CIP

CONTENTS

ACKNOWLEDGMENTS

The poems from *Buku Perjalanan Si Tenggang II* have been included through the kind permission of the Universiti Kebangsaan Press, and those from *An Anthology of Contemporary Malaysian Literature* through the gracious agreement of Dewan Bahasa dan Pustaka. The University of Malaya Press has kindly given permission to include some poems from *Selections from Contemporary Malaysian Poetry*.

For the many helpful suggestions in the translation of these poems, I owe D. J. Enright, my teacher and mentor, a debt of the kind that only a student may owe his teacher.

IF OR AND THEN

Kalau atau dan maka

tiada lagi dunia
(buat nenek jam)

tiada dunia lagi padamu
tiada penting suaranya
tiada perlu kerumitannya
akalmu telah menafikannya
dengan darah tua yang pasang
di hujung harimu

sekarang yang ada hanya hidup jasad
perlahan surut dari tebingnya.
tenang datang kepada ketenangan
senyap kepada bahasa.
perasaan menggelongsor dari hari.

ii

selamat tinggal, nenekku.
kau akan dijaga oleh kebaikanmu,
diawasi oleh anak dan cucu
yang melihat perjalananmu.
buluh dan cempaka,
bidara dan kenanga,
kenal kelembutanmu.
wangi bunga ialah hakmu,
warna jasad alam mengelilingimu.
dari perkuburan ternampak bukit
di bawahnya kampung bermanggis,
di sisimu ayah dan abang.
dari masjid kami selalu menjaga.

no more the world
(for grandma jam)

no more the world
no longer important its voice
no longer necessary its complexity
your mind has denied all
with your old blood that has risen
at the end of your day

there's only the life of the body now,
that slowly ebbs from its banks.
calmness comes to peace
quietness to words.
feelings slide from the day.

ii

goodbye, my grandmother.
you are cared for by your goodness,
looked on by your children and descendants
who oversee your journey.
the bamboo and the cempaka,
the bidara and kenanga flowers,
know of our gentleness.
the fragrance of the flowers is your rightful air,
the colour of the earth's body surrounds you.
from where you lie you can see the hill,
under it the mangosteened villages
beside you your father and brother.
from the mosque we'll always care for your soul.

untuk kasturi

kau datang di musim murung,
panen sedih baru terkumpul
dari sewindu benih ghairah.
tapi semua petani tahu
bahawa harga diri atau hormat percaya
harus disaring dari waktu dan sabar.

nanti kau akan tahu
di pasar riuh ini
pemilih harga diri yang enggan menjual
akan selalu sepi,
tetapi untuknya tidur selalu nyenyak.

tiada yang mudah, anakku,
tapi dari antara semua
masih ada yang memilih bangga.
kau nanti pun tidak mungkin percaya
bahawa ada harga untuk semua kepercayaan.
di lorong-lorong sepi
kau akan menyaksi
beberapa teman melelongnya.

waktu yang kau berikan kepada kawan
sering kembali menenggelamkan rumahmu,
tetapi kau akan besar juga dengan deritanya
belajar jadi berani
di depan gerombolan yang menyembunyikan rupa.

selamat datang, anakku.
aku perlukanmu
di waktu banjir ini,
supaya nanti bertambah seorang
yang membentengi pondok percaya ini,

for kasturi

you come in the season of mourning,
the sad harvest has just been reaped
from a decade of passion.
but all farmers know
that self-respect or respect of belief
must be winnowed from time and patience.

you will know too
in this noisy bazaar
the owner of self-respect who will not sell
is always alone,
but for him sleep is always sound.

nothing is easy, my son,
but from among us
there're some who choose pride.
you will perhaps not believe that
there is a price for all beliefs.
in the quiet lanes
you will see
some friends auctioning them.

the time that you gave your friends
often returns to drown you in your own home,
but you will still grow with its suffering
learn to be courageous
before the mob that hides its face.

welcome, my son.
i need you
in this season of floods
that there may be another
who will fortify this house of beliefs

berani mengungkapkan kata jiwa
dan hidup dengannya.

kusambutmu
seperti kusambut hidup baru.

dare to speak the soul's words
and live with them.

i welcome you
as i welcome a new life.

jarak

usia menganugerahkan jarak
memberi mata untuk melihatnya
memisah kehendak dari nilai
memilih makna dari bahasa

yang kulihat kurasa melalui masa
yang kurasa kukumpul dari semula
diimbangkan dengan bincang
diadilkan bersama bukti.

distance

age bestows distance
and gives eyes to see it
to separate desire from value
to choose meaning from language

that which i see, i feel through time
that which i feel, i have collected from the beginning
balanced by dialogue
justified with proofs.

dunia bicara

di negara kilang dan kuasa
kenyataan tumbuh dari logika
yang dipermudahkan untuk kejelasan.
dua mata, satu suku hati
dan separuh takulan
adalah isi dunia bicara.

world of debate

in the country of factories and power
reality grows from logic
that is simplified for clarity.
two eyes, a quarter of a heart
and half a reason
is the content of the world of debate.

selonggok kata-kata

pada suatu hari
seperti suatu janji longgar
di usia yang tersiksa oleh peka
kutemui selonggok kata-kata,
darinya kukumpul
dan susun suatu dunia.
bunyinya kuasah pada suara,
sedihnya pada gurau,
ketawanya dengan derita.

inilah cakerawalanya
dilukis oleh tebar makna,
rupa ucap dan jantung kata—
semuanya dikutip dari sungai tohor waktu
terendam dalam lagu pujangga
atau terlantar di gurun sejarah.

bahasa membina dunia
menyusun diri
dan memberi layangan pengalaman.
seperti penjala
aku menangkap setebar daerah
dan ikan langgam makna.

a heap of words

one day
as though fulfilling a loose promise
at an age tortured by sensitivity
i found a heap of words,
out of it i gathered
and built a world.
i sharpen its sound to my voice,
its sadness to the hoarse,
its laughter to the tragic.

this is its universe
painted by the semantic spread,
facades of speech and the heart of word —
all collected from time's shallow rivers
soaked in the poets' songs
or stranded on history's dunes.

language constructs a world
arranging itself
and giving hints of experience.
like the thrown-net fisherman
i catch a spread of territory
and a fish of many meanings.

ini bukan daerah berterus terang

ini bukan daerah berterus terang.
janganlah bicara dengan suara percaya.
jangan menjawab soalan.
yang diminta hanyalah pujian dan ukir bahasa.

ini bukan daerah berterus terang.
jikalau kau bercita-cita
belajarlah menyembunyikan keris di belakang
dan menusuk di waktu mata memaling pandang.
luangkan waktu untuk istiadat,
tekunlah menghantar dan menyambut tuan,
aturkan supaya selalu hadir di pertemuan rasmi
dan sering membawa juadah ke rumah ketua
tapi jangan lupa, usaplah kepala anaknya.
sebelum pulang tanyakan harga kereta barunya
dan bagaimana dia mengilatkannya.

dalam sedikit masa
kau pula akan berpangkat,
merangkai huruf di belakang nama,
malah, lebih beruntung, juga di depannya.
kau akan jadi ketua
dan menuntut semua ini dari anak buahmu.

this is no place for telling the truth

this is no place for telling the truth.
do not speak the voice of belief.
do not answer questions.
what is required of you is praise and the pretty word.

this is not the place for the naked word.
if you entertain ambition,
practise hiding your keris behind your back
to stab when eyes are turned away.
make space for ceremonies,
be diligent in fetching and taking your boss,
arrange that you are always present at official receptions
and often carry sweetmeats to your chief.
and don't forget, stroke his son's hair.
before taking your leave ask him the price of his new car
and how he polishes it.

in a little while
you too will hold a high office,
stringing titles behind your name,
or, better still, also before it.
you will be the boss
and demand all these from your subordinates.

selamat pulang, juita
(buat juita, yang lahir pada 17 ogos 1981)

i

selamat pulang, juita.
ini rumah kita,
ruangnya sederhana,
tetapi bertetangga baik,
oleh itu lebarnya sekampung.
kau akan besar di laman keliling
di bawah lindung mangga depan,
mengait jambu di musim hujan,
menjaga dan menyarung putik cempedak,
dan mengutip langsat luruh.

ii

di rumah ini, kau akan tau nanti,
bahawa kami inginkan kau bebas
kerana kebebasan itu lingkungan wujud
yang akan menumbuhkanmu,
memperpucukkan percaya,
berbunga menjadi benih baru.
kebebasan bermakna mempelajari tanggungjawab
yang datang dengan hak,
kebebasan membantu perasaan
seperti ia melahirkan fikiran.

iii

kebebasan itu pahat pada tangan tukang
warna pada pandangan

welcome home, juita
(for juita, born 17 august, 1981)

i

welcome home, juita.
this is our home,
a modest place,
but with good neighbours,
therefore it is as wide as a village.
you will grow up in the yard,
under the mango's shade,
picking jambus in the rainy season,
caring and sacking the little cempedak,
and collecting the fallen langsat.

ii

in this house, you'll learn later,
that we want you to be free
for freedom is the life's environment
that will nurture you,
letting shoots of belief grow,
blossoming to become new seeds.
to be free is to learn to be responsible
that comes with its right,
freedom assists feelings
as it conceives ideas.

iii

freedom is the chisel in the masterbuilder's hand
colour to sight

dan kata pada fikiran.
belajarlah jiwanya
supaya kau hidup bebas.

iv

kami inginkan kecantikan untukmu,
kerana kau perempuan,
tapi yang kami pohonkan
ialah kecantikan yang diamanatkan kebijaksanaan,
ditegakkan oleh keluasan hidup,
diarahkan oleh ilmu.

v

selamat pulang, juita.
ini rumahmu.
kami akan luangkan ruang untukmu
aturkan hari kami
supaya kau menjadi mataharinya.

and words to thought.
study its soul
so that you may live free.

iv

we desire beauty for you
because you are a girl,
but we ask
for a beauty mandated by wisdom,
erected by the width of life,
guided by its knowledge.

v

welcome home, juita.
this is your home.
we will make you space
arrange our days
so that you become their sun.

sepanjang jalan

sepanjang jalan kusalin gerak banjaran
sepanjang jalan bumi menjarum pina,
di antara senyapnya tumbuh kembang-kembang,
halus, liar, di luar daerah manusia,
tapi menajamkan makna alam.

sepanjang jalan awan bermain di tali langit
berhenti, dan berarak
seperti benang kembali jadi kapas.
kabus berguling di bantal lembah.

sepanjang jalan alam menyayup
mengecil dan membesarkanku
kerana telah melalui keindahan
sepi dan sejuk di hujung dunia.

all along the way

all along the way i imitated the movement of the range
all along the way the earth sharpens into pines,
flowers grow between its silences,
wild, fine, beyond human territory
sharpening nature's meaning,.

all along the way clouds play with the rope of heaven
stopping and moving
like strings returning to their constituent cotton.
clouds rolling on the valley's pillows.

all along the way nature distances itself
to deflate and inflate me
through this silent and cold
beauty at the end of the world.

di sebuah desa

di sebuah desa
sebuah keluarga
luluh oleh lapar
di ruang bincang
kita berbalah
cara meneliti mereka.

di ballroom hotel
kita berkumpul pesta
mencari jalan untuk dipuja
di sebuah ruang baca
pelajar mencemuh kedangkalan sastera.

in a village

in a village
a family
is eroded by hunger
in the discussion room
we dispute
on how to study them.

in the hotel ballroom
we gather in festivity
of mutual worship
in a reading room
students disparage our meaningless literary pages.

hujan

mungkin kerana bukit-bukit merah ini
terdekat kepada perut gendut kelabunya
maka disayangi oleh awan-awan hujan.
pada musimnya selangit air turun sepagi,
lurus atau runcing menyungai
ke tebing, lurah,
akar senduduk, rumput gajah,
dan simen rumah yang ditinggal di jalan.
seluruh alam meniru warna bukit.

peluru air menembak di dinding
memanjat tingkap dan menjalari lubang pintu,
sehingga semua menjadi deru.

akhirnya kampung dialiri awan,
diaturkan dengan kehendaknya.

rain

perhaps, because the red hills are
neighbours to the grey pot bellies
of the clouds, they are beloved.
in its season a whole sky falls for a whole morning
straight or slanting, streaming
to the banks, channels,
the senduduk's roots, elephant grass
and the remaining cement left on the road.
a whole world copies the hills' colours.

the water bullets shoot at the houses
climbing windows and creeping to the door's chinks
till all become the hill's hue.

finally the clouds flow through the village
arranged to the water's will.

pencerita

ini cerita kecil dan lurus
yang tidak kuambil dari serpih sejarah
atau angkut dari lahar peristiwa.

cakerawala halus ini
ibarat cendawan yang tumbuh
dari bebas dan gelap rasa,
dengan setitik hujan kembang jadi dunia.

yang mungkin kutambah
hanya ranting rapuh gelisah
pucuk dan bunga kata
— inilah pokok cerita
dibalut bulat oleh makna.

teller of tales

this is a small, straight tale
that has not been collected from history's fragments
or picked from the backstage of events.

this fine universe
like the mushroom grows
from freedom and darkness of the soul,
where a drop of rain becomes a world.

what may i add
are mere brittle branches of anxiety
shoots and blossoms of words
— this is the story's tree
wrapped round with meaning.

bukan milikku

di halaman hotel
    sepulau burung mengutip di rumput
petang temaram melembutkan
    ru tegap dan buih alun.

mata memanjat tebing selat
    mengembara di muka air
hingga mendaki pantai kedah
    melangkah derai biru bukit.

hingga tiba ke jerai
    berbanjaran beranak
dari pulau pinang
    kedah melereng ke kelantan.

semuanya bukan milikku.

not mine

on the hotel's lawn
    an island of birds feed from the grass
the hazy afternoon softens
    casuarinas stand straight and the waves foam.

eyes climb to the strait's cliffs
    wandering over the water's surface
to climb over kedah's shore
    stopping over the blue veil of the hills

to arrive at jerai
    ranges breeding montains
from penang
    kedah descends to kelanta.

all alien.

hujan malam

sebuah tasik malam
yang memanjang dari gelap
hingga pesisir kesedaran
kuseberangi dengan kapal hujan.
rintik pada daun menderukan gerak,
membawaku ke arah sayup,
tiada pantai,
yang terkelip di hujungnya
hanyalah api malap kenalan.
bintik-bintik dari diri berdenyut wujud.

gelap memperjauhkan perjalanan.
yang kulihat hanya bahan kelam
yang bocor oleh titik hujan
dan menembus diri tipis.

jalur menderu
rentaknya kuikut dengan otot.
tak mungkin kupalu gendang
dan sama menari.
jadi, kuturut dengan kecewa
kembara ke kesayupan
sambil membaca bersit hujan
di muka.

night rain

a lake of night
that extends from darkness
to the periphery of consciousness
i am crossing you in a ship of rain.
the patter on leaves gives voice to the movement,
bringing me distant directions,
no shores
twinkle at the end of sight
only the dim fire of recognition.
speckles from the self pulsate into existence.

darkness distances the journey
i only see the stuff of darkness
that leaks with the raindrops
and pierces the papery self.

a dugout whispers to the water
i follow its rhytmns with my muscles.
no, i may never beat the drum
and also dance to it.
so i follow it with resignation
wander into the distance
while reading the pelting of the rain
on my face.

dalam perjalanan
(buat jita dan kasturi)

bukit melandai di puncaknya
hanya batu berkumpul
melorek kaki langit
dengan peribadi anehnya

dari sini seluruh silamku
berpeta di anak mata
tapi seperti belit jalan menjerat waktu
dan ditemaramkan oleh kabus jarak.

anakku
di puncak sepi ini
kupegang tangan bayimu
untuk kutunjukkan
simpang jalan yang remang

semua dataran sementara
selepas kabus
jalan kembali ke lurahnya,
tangga menuruni diri
atau menggelongsor di gerimis petang.

******

di sini dunia kita bertemu pinggir
dan bergolek menyatu pusar.
kuterimamu seperti kuterima diriku
kuterima duniamu
seperti kuterima daun hutan,
batu yang dibulatkan oleh waktu.
kuterima hidupmu
seperti aku bergerak meninggalkannya.

on a journey
(for juita and kasturi)

the hill flattens out on the peak
only rocks gather
to decorate the horizon
with its strange personality

from here all my past
is mapped out in my cornea
but it's like a road's curve that traps time
and is made vague by the mist of distance.

my dear
on this silent peak
i hold your infant hand
to show you
the misty junction

all land is temporary
after the fog
the road returns to its valley,
the road climbs down itself
or slides down an afternoon drizzle

*****

here, our worlds meet at the edges
and roll to share centers.
i accept you as i accept myself
i accept your world
as i accept leaves of the forest,
stones rounded by time.
i accept your life
as i move to depart.

mari kutunjukkan
sudut sulit rimba,
bayang lubuk yang berbicara pada takut,
lereng yang mematikan kewujudan,
kerana inilah dunia di luar dunia.

dan ini pula sesak manusia
yang bergelumang dengan najis dan unggulnya
yang menikam saudara
dan menyanjung wajahnya
yang dibawa di talam persembahan.

dunia manusia itu lebih sedih
dari rimba yang sedang mati oleh tamadun kita,
lebih cepat melanggar hujungnya
dari keluarga seladang yang dinasibkan senapang.

di tengah perjalanan ini
kutunjukkan padamu
letak harga diri
yang tidak mungkin laku
untuk pangkat atau pingat,
tidak mungkin memulakan tepukan,
tapi untuk dirimu
binakannya seperti kota agung
supaya di dalamnya kau boleh berkata dengan percaya
berani percaya kerana telah berfikir
supaya kau boleh merasa dengan deria
seluruh ombak gunung dan gelisah mega
jalur warna di sayap rama-rama
setitik makna dan senada irama.
ambillah, yang halus dan yang harafiah
kerana ini duniamu, seluruhnya.

come, let me show you
the dark corner of the jungle,
the shadow of the pool that speaks to fear,
the hills that kill life,
for this is the world outside it.

and this is the multitudinous world of man
who swims in his own shit and ideals
who stabs his own brother
and admires his own image
in the tray that carries offerings.

the world is sadder
than the forests dying from our civilization,
is quicker to crash into its edges
than a family of seladang fated by a gun.

in the middle of this journey
i'll show you
a place for dignity of the person
that is not legal tender
for posts or medals
that will not start an applause,
but for yourself
build it a great fortress
so that you may speak with belief
dare to believe because you have thought
so that you may feel with your senses
all the waves of mountains and clouds' anxiety
the strip on a butterfly's wing
a drop of meaning and a note of music.
take, take all, the literary and the literal
because they are part of your world, all of them.

dalang ii

panggung menyamar jadi dunia
dan dia dalang di antaranya.
gerak mengalir di kulit
suara berdengung di rongga ukir.
semua watak peminjam,
semua dalang pengumpul dunia,
pelawak hanya lucu kerana ejekannya,
gunting kias hanya memotong dengan gigi bandingannya.
lagunya merdu hanya kerana dia pernah bercinta.

puppeteer ii

the state disguises itself as the world
and he is a puppeteer between both of them.
movement flows into the skin,
voices echo on the chinks of the carvings.
all characters are borrowers,
all puppeteers gatherers of worlds,
the clown is only comic because of his teasing,
the scissors of metaphor only cut with the teeth of comparison.
his song is melodius because he has been in love before.

dalang iii

untuk malam ini aku bukan bapa
yang menurut rengekan anak
atau suami yang mengiyakan isteri,
atau pesawah yang digelisahkan tikus.

kulupakan anak gadis yang memilih pengganggur
yuran sekolah mamat yang selalu gagal
dan kerbau tua di bangsal yang lebih tua.

datanglah wahai dewi panggung
mengarang dan merangkaikan peristiwa.
sekarang aku seri rama,
sekarang aku hanuman
dan di waktu antara semar sinis.

ghairahku ialah cinta puteri
yang tercantik di barisan batang pisang
sedihku ialah perpisahan berpulau.

berilah aku suara merdu
untuk mendendangkan sedih hidup.

anugerahkan aku suara perkasa
untuk mewatakkan raksaksa.

puppeteer iii

for tonight i am no father
obeying the whining child
or a husband agreeing with his wife,
or the farmer worried about rats.

i forget the daughter who has chosen the idle boy
mamat's school fees, that failed student
and the old buffalo in an older shed.

come to me you muses of the stage
compose and thread the events.
now i am rama
now i am hanuman
and in between the cynical semar.

my passion is the princess's love
the most beautiful on the banana stalk
my grief is the enisled parting.

give me a melodious voice
to sing life's sad songs.

bestow upon me a powerful voice
to give character to the giant.

wayang i

di selembar daun kulit
terkampung isi cakerawala,
diatur seperti semula,
bentuk, warna, jenis
dinaungi pinggirnya.

pada daun
ada gunung.
pada gunung ada beringin
pada beringin ada hutan
pada hutan berkicau burung.

di hati hutan mengaum pertapaan
senyap dan jelas suara tafakur
di pinggir hutan riuh istana
di sekeliling istana gerak mencurahkan warna.

pada daun bersembunyi lambang
pada lambang terkias andaian.
lorong menuju ilmu,
ilmu membentang ujian.

pada hutan menimbun daun
pada daun tumbuh cakerawala
pada cakerawala ada hutan
pada hutan ada daun.

shadow play i

on a leather leaf
a whole world is gathered,
arranged in its original state,
forms, colours, types
all sheltered by their borders.

in the leaf
there's a mountain.
on the mountain there's a beringin
in the beringin there's a forest
in the forest birds chirp.

in the heart of the forest roar silences
quiet and clear is the voice of meditation
on the edge of the forest in the din of the palace
around the palace movements pour their colours

in the leaf are hidden symbols
in the symbols is analogy's shade.
all lanes lead to knowledge,
knowledge spreads its roots.

in the forest leaves are heaped high
in the leaves a universe grows
in the universe there's a forest
in the forest is the leaf.

hari terakhir sebuah hutan

maut tiba di hujung gigi gergaji
dengan duri jerit yang menyerampang angkasa dan merah matahari
membenam ke padat isi kayu
yang tersentak oleh sakit dan bising asing
dunianya memulas kebiasaan, aneh seperti pitam
getah mengalir, zatnya meniadakan waja
tergetar perdu dan akar pendiri
di puncaknya burung masih berterbangan
udaranya diharumkan oleh wangian sehutan
langit bersaksi dengan mata bening.

> rebah cengal
> rebah meranti
> rebah merbau
> rebah pulai
> rebah seraya
> rebah nyatuh
> rebah resak
> rebah halban
> rebah nibung
> rebah rotan

—runtuhlah sekeluarga pohon, yang berusiakan kurun
—yang indah dan yang besar dalam bayang
—setelah berkampung sejuta tahun
—di lembah daun dan sungai hujan.

edaran alam berputar perlahan
dengan peka pada rentak musim dan matahari
dengan rasa hadir di urat akar dan goyang pucuk
setelah letupan maut dan gelimpangan kayu
panas meniup ke lubang udara, tersiatlah kewujudan.

the forest's last day

death comes at the end of the chain saw
with thorns of shrieks that spear the air and red of the sun
biting into the flesh of wood
that is shocked by the pain and alien din.
its world overturns familiarity, strange as fainting
sap flowing, its essence denying the steel's
base and supporting roots trembling,
in its canopy birds still play
its air made fragrant by the essence of the forest
the sky is the witness with clear eyes.

fallen is the cengal
 fallen is the meranti
  fallen is the merbau
   fallen is the pulai
    fallen is the seraya
     fallen is the nyatuh
      fallen is the resak
       fallen is the halban
        fallen is the nibung
         fallen is the rattan

—family of trees aged by the centuries
—the beautiful and great lying in the shadow
—with a presence in the roots' fibers and shoots' sway
—heat rushes into the air tunnel, existence is scalded.

the wheel of nature turns slowly
listening to the rhythm of the season and sun
with a sense of presence in the roots and the sway of the shoots
after the death shatter and scatter of roots
heat rushes into the tunnel, searing existence.

—gugur bunga seungu pagi
—semerah tebing seputih awan dan seperang batang
—gugur putik dan buah di julaian
—bertitik pada pusat bunga atau penuh semusim,
—gugur secakerawala warna
—seratus jalur hijau yang menjadi peribadi daun
—gugur juga bulan yang tersangkut di dahan
—cahaya yang melukiskan perbezaan
—gugurlah pagi, gugurlah petang dan gugurlah malam.

gugurlah berdesir kelembutan yang meleleh dari pucuk
melayang menipis kabus rahsia alam
patah ruyung imbangan, sejak hutan meresap ke tanah
lunturlah keindahan senyap yang ditayangkan oleh siang
bisu daun, bisu ranting, tiada nyanyian atau sahutan
tiada rusa atau ungka, tiada gajah berkawan
tiada denyut suara pelanduk, tiada pernyataan
hikayat penuh hutan
ditamatkan oleh sepasukan lori yang bertayarkan angkuh.
sekumpulan pemotong gajian yang memakai kesedihan di matanya.

dan seorang pembalak gemuk
yang berdiri di gurun merah kontang—
dunia akan datang

—morning-purple flowers fall
—as red as cliffs, as white as clouds, as brown as trunks.
—buds and fruits on heavy branches fall
—are dotted near the stem or full with the seasons
—a universe of colours falls
—a hundred stripes of green painting the leaves' personalities
—the moon too falls, caught by the branches
—as light that sketches difference
—morning falls, the afternoon and the night.

with the rustle tenderness drips from shoots
the secret mist of nature evaporates thinly
the frame of balance is broken, since trees became earth
the quiet beauty filtered by light fades out,
leaves are dumb, branches speechless, no song, no echo
no deer, no baboon, no elephant herd
no pulse of mousedeer's bleat, no question
the full epic of the forest
is ended by a convoy of lorries with tires of concrete,
a gang of paid lumberjacks who wear pity in their eyes.

and a bloated logger
who stands on the red desiccated desert —
the world of the future

benih

leper di tangan yang bermatahari
tapi wujud di mata mimpiku,
kulepaskan kau, seperti kulepaskan anak,
perlahan, bertempat
bersedia bekal hidup,
tanah terhitam, air yang
kukampungkan dari hutan,
telaga lembah terjernih
dan kandang lembu di hujung permatang.

yang kutanam ini
ialah diriku,
maka itu kau harus
tumbuh bersamaku,
kembang di pelupuk pagi,
mendaun di gelap bulan.

jadikan peluhku zatmu,
air ini alir hidupmu
tanah ini ruang wujudmu,
kerana aku perlukanmu
untuk terus bermakna.

seeds

flat in my sunny hand
but existing in the eye of my dream,
i release you, as i let my child go,
slowly, in place
with provisions for the journey,
the darkest soil, water
collected from the forest,
the clearest valley's well
and the cow shed at the bund's end.

that which i plant
is myself,
so you must
grow with me,
bloom in the sun's eyelid
growing leaves in the moon's darkness.

let my sweat become your essence,
this water your life's river
this earth your space,
for i need you
to mean for me.

anak pulau

lautan ialah parit jiwa
di sekeliling diri.
anak pulau aku
tiada pilihan daratan,
kerana titik darah pertama
ialah air asin yang sampai
di bendul dengan tempias hujan
dan goyangnya tiang agung.

pasir menyalin jejak,
ke mana pun aku pergi
butirnya terasa di tapak.

dan aku menjadi perenung air,
pemanjat gelombang,
pemuja karang dan kawan ikan
aku mencari dan menerima tanda hari
di gumpal awan, bentuk air
dan warna langit.

lautan membebaskan dari keras tanah
dan sempit ladang.
tiada pagar pada air,
tiada henti beza
di atas muka hijau bayunya.
ada dunia lain, karang lain,
ada tanah lain, gunung lain.

ada cantik yang tiada termungkin oleh daratan.
tanpa lautan aku akan tiada,
tanpa lautan yang pasang
di pantai rasaku
aku bukan anak pulau.

islanders

the ocean is the soul's ditch
surrounding the self.
i am an islander
having no choice of land,
for the first drip of blood
is the salt water that
dashes on the threshold with the splattering of rain
and the roll of the main mast.

sand copies footsteps,
anywhere i go
i feel its grains on my sole.

and i'll be a contemplator of waters,
scaler of waves,
friend to coral and fish
i'll seek out the signs of day
in the rolls of clouds, shapes of water
and colours of the sky.

the ocean frees me from the density of land
and fences of the farm.
there's no border to water,
no discrimination
on the green face of its breeze.
a different world, different corals,
a different land, different mountains.

there's a beauty not possible on land.
without the ocean i'm nothing,
without the rising tides
in the shores of my mind
i am no islander.

kisah dari guam

alkisah,
di guam, karang lautan
diceterakan oleh orang-orang tua
pengawas zaman dan guru kampung,
pada suatu zaman yang dicatat lautan
dua orang chomorro muda
jatuh ke dalam ghairah rupa kekasihnya.
ombak perasaan berdebur panjang,
meniadakan segalanya
melainkan dua pulau perasaan.
mereka jatuh ke dalam diri
sayup ke dasar hati
dan tak mungkin diajak kembali.

tiada umpama pada kasih pertama.
tiada tidur, tiada jaga,
dan tiada alur fikiran yang sampai ke daratan.
yang hadir hanya raut muka,
bayang senyum atau mersik suara
yang bergema sewaktu petang turun
pada banjaran petai belalang,

yang abadi hanya sepi
kerana perjumpaan hanya mungkin
pada kehendak atau khayal.
tiada mengerti jejaka
bagaimana kuat perasaan
dapat menggoncang wujud.
kasih diatur hanya untuk keluarga
dan dengan aturan lama serta gurindam pinang
dia dilamar untuk isterinya.

a story from guam

once upon a time,
in guam, in the coral ocean
as told by the ancients
who protected the age and were teachers to the village,
during a time marked by the ocean
two young chomorros
fell into a passion for each other's looks.
the wave of emotion splashed long on the beach,
denying everything else
but two islands of feelings.
fell into themselves
down, far into their souls
and there was no way to persuade them to return.

there is no comparison with first love
no sleep, no wakefulness,
and no flow of thought that reached land.
what was present was the shape of each other's face
the smile's shadow or music of the voice
that echoed while afternoon descended
on the range of belalang bushes.

only silence was eternal
for their meeting was possible
only in desire or imagination.
the boy did not understand
why feelings that strong
were shaken by existence itself.
love might be arranged only by the family
and in the old ways with its poems of proposal
she was asked for his wife.

dua lamaran tiba di riba.
putera penghulu dari tanjung utara
sama memohon kasih.

kepentingan orang tua melanda
mimpi dua orang kekasih
dan sebab-sebab dibahasakan
sehalus tunduk mata.

khabar datang seperti serang perang,
jejaka dikepung takdir.
padanya seluruh hidup
telah dilanda tujuh lautan,
tiada pulau, tiada manusia dan tiada perahu.

keputusan inilah penjatuhan hukuman
dalam kata bisik,
tiada akan mungkin kasih
di perut segera.

dan tiada mungkin disusun kata
untuk sebab atau hasilnya.
maka dua orang anak muda
yang dinikahkan senja
dan penafian orang tua
memanjat tebing tertinggi guam.

dari atasnya laut mengerut wajah hijau,
di kejauhan ada dunia depannya.
mereka berdiri hampir pada langit,
jalan dan pilihan terakhir.
ada bulan sesabit dan bayang tipis bintang
seperti ditebuk di kubah takdir.
karang mendatarkan gelombang
dan menyaksi kasih yang tidak mungkin.

setelah mengijabkan cinta

two proposals arrived in a single moment.
the chief's son from the northern cape too
begs for her love.

the interests of old men crashed
into the dreams of the lovers.
reasons were spoken
as finely as the bow of the eyes.

the news came as an ambush,
the young man is surrounded by fate.
he was crushed by seven oceans,
there's no island, no being, no boat left
for his days.

the answer was a sentence
spoken in a whisper
love was impossible
in the middle of their sea.

it was no longer possible to arrange words
for reasons or their results.
thus the two young chomorros,
married by the twilight
and denial of the old
climb to guam's tallest cliffs.

from above the sea was a wrinkled green face,
from afar there a twinkle of a world beyond.
they stood close to the sky,
the final way and choice.
there was a sickle moon and thin shadows of the stars
like a perforated dome of fate.
corals flattened the waves
witnessing an impossible passion.

after the oath of love and marriage

mereka bangun saling mendandankan rambut,
ditanam erat dua helai kipas
sebagai janji untuk abadi.

pada pelukan terakhir
tebing hilang dari kaki.

yang terdengar hanya
jerit bayu menuruni lurah tebing
gelisah lautan
dan sesal orang tua.

they stood, each combing the other's hair,
they buried deep two leaf-fans
as a promise for eternity.

at the last embrace
the cliff was lost to their feet.

what was heard
was the breeze's scream, falling to the beach
the ocean's anxiety
and regret of elders.

potret diri

di kaca malam
yang disalut oleh raksa rusuh
terlintas wajah diri
jauh dan separuh sedia.

dengan apakah akan kubaca bayang?
dengan kata-kata songsang atau selari
dari perbendaharaan musuh atau kawan,
atau kelip percaya
yang mencipta api?

dengan gema tuduh
terbina latar hina,
meleleh percik prasangka,
mataku tajam seperti tasik
yang melontarkan matahari.
akhirnya bayang berubah dakwat.

dengan puji
atau puas hati
cerah turun pada mata
ditambah warna dari gembira.
ada bintang di gunung,
nyanyian burung di jendela.

tapi ada juga yang tidak dirubah bahasa
warna masih menyata sifat
dan suara pernah berdoa.

aku mati berhari-hari,
dibunuh bayang sendiri,
tapi segera dibangunkan kembali
dengan renjis hayat dan darah
panggilan anak dan jemputan tetangga.

self portrait

in the night mirror
painted by the mercury of anxiety
the self flits by
distant and half-ready.

with what shall i read this reflection?
with words grating or parallel
from the vocabularies of enemies or friends,
or the twinkle of belief
that begins the fire?

with the echo of accusation
is built the props of humiliation,
prejudice drips down,
my eyes sharp as the lake
that casts out a sun.
finally the shadow changes its ink.

with words of fine praise
or self-satisfaction
light descends to the eyes,
colours are hewn from joy
stars twinkle on the mountains,
birds sing on the window-sill.

but there are those unchanged by language
colours still state their selves
and the voice that has spoken a prayer.

for many days i died,
killed by my own reflection,
but immediately awakened
with the sprinkle of life and blood
children's call or the neighbour's invitation.

kerana aku penyair
aku harus berdiri di depan cermin
dan menerima setiap tanda.

i am a poet
who must stand before the mirror
and receive every sign.

england di musim bunga

i

angin artik meraung di kelangkang mac
menyapu sisa malam
kertas akhbar dengan berita luntur
plastik yang tidak diuruskan tamadun
menurunkan debu dan dosa kota
ke kerikil jalan dan parit tua.
waktu kehilangan mataharinya.

kudatangi london utara
lewat kedai runcit kecamuk india
yang dingin di pinggir finchley,
pasar raya jepun yang cerah
dan digincukan oleh suasana iklan.

angin yang berkejar
di antara lorong gelap
melakar watak kota,
membalikkan mata untuk melihat diri
yang selalu memeriksa dengan kecewa.

ii

di lorong muram
kutemui pendatang dari benua
yang diperibadikan matahari,
sejarah dan keperluan
mengusung generasi ke sini,
menjadikannya british ragu.
kedai dan sari halus ini
pengingat dari kurun silam,

england in the spring

i

the arctic winds howl through the crotch of march
wildly sweeping the night's litter.
newspapers with faded truths
plastic containers unmanaged by civilization
let the city's dust and sin
settle over the streets' gravel and ancient drains.
time has lost its sun.

i come to north london
passing by cold chaotic indian sundry shops
that sit precariously on the edge of finchley,
a bright japanese mini-market
is made up by the advertisement's moods.

the wind that chases
among the dark lanes
scratches the city's self,
turns our eyes that we may see ourselves
we who always examine with disillusionment.

ii

in the dim lanes
i meet a stranger from a continent
built by the sun,
history and need
brought him here,
making him a skeptical british.
the shops and the bright saris
are reminders of a past century,

bahawa sejarah dan batas
mengalir dan bergerak seperti lautan,
membaurkan pasir dan arus,
melanda tebing kapur serta lumpur kuala,
merangkaikan warga jamaica ke perahu
menganugerah mimpi untuk pemilik restoran hongkong,
atau pengungsian damai untuk pedagang uganda.
lalu waktu menggelombang di antaranya.

sekarang di lorong rumah majlis bandaran
anak carribean jatuh cinta pada gadis punk,
lelaki welsh berpelukan dengan wanita punjabi.
semuanya bercumbuan dalam loghat kokney.

anak yunani berbaris untuk membeli
nasi goreng berminyak cina.
di restoran ayahnya mengurangi daging
buat souvlaki yang semakin mengecil.
gulai india utara semerbak sebaris kedai

serta menggauli wap fish 'n chips.
dengan bising tuannya menyumpah busuk rempah.

mata kelabu inggeris merenung
kabus dan titik ubah sejarah,
dia belajar marah atau menerima
bahawa sejarah harus dibayar dengan sejarah,
dosa yang kumpul
di beratus pulau dan negeri,
perlu ditebus di pusat london,
kilang kotor birmingham
atau pondok akhbar di oxford.

that history and borders
blending sand and currents,
flow and move like the oceans,
dashing limestone cliffs and river mud,
chaining jamaicans to boats
bestowing dreams on hongkong coffee shop owners,
or a quiet exile for ugandan cloth merchants.
time's ditch rushes in between.

now on the lanes of the municipal houses,
a caribbean boy falls in love with a punk girl,
a welsh is hugging a punjabi woman.
all make love in cockney.

greek children queue up
for the oily chinese fried rice.
in the restaurant the father steals meat
from his shrinking souvlaki.
northern indian tandoori perfumes a whole street

merging into the odour of fish 'n' chips.
promptly he curses the smell of spices.

the grey eyes of the english stare
upon the fog and history's break-point,
they have learnt to be angry or accepting
that history must be paid with history,
sins collected
in a hundred islands and states,
must be expiated in the centre of london,
in the dirty mills of birmingham
or the newstands of oxford.

takluk silam

waktu datang
bising, berhenti di stesen masa,
ini giliranmu, kawan,
untuk menaiki gerabak mabuknya.

aku turun di sini.
tangan kesemutan kulambai
tanda hormat dan bosan.

malam mengangkatmu
ke rahsianya.
dari sini hanya topeng gelap
berkelip di jerejak ingatan.
lainnya takluk silam.

prisoners of the past

time arrives
noisy, stopping at the station,
this is your turn, friend,
to climb into its drunken coach.

i am stopping here.
i wave my numb hand
in respect and boredom.

night will carry you
to its secrets.
from here only dark masks
flicker behind the bars of memory.
all else are prisoners of the past.

antara sayuran

kumasuki pasar ini,
riang seperti seorang isteri muda,
menemui kampung dan dusun,
kebun dan rimba,
paya air tipis, lembah rumbia—
semuanya dipindahkan pekebun subuh,
dengan bau tanah dan getah.

pasar ini rimbun sepucuk,
daunnya berbintik embun kehidupan,
masih terlekat kabus pada uratnya.

di kepala simpang mak cik inai
yang hitam bajunya seperti panas matahari,
beraja di atas rakyat kubisnya.
bulat, hijau bayang, putih santan,
isinya rapuh di gigi ingatanku.

nenek runduk tadau berikat kepalanya,
bajunya setua usia,
dia tersenyum dengan matanya,
mengulum air pinang lemak manis,
dari bukit di belakang pondoknya,
disusun pucuk paku,
seperti pengukir teliti,
tiada berkata nenek itu,
hanya paku menjual diri,
dengan rapuh dan warna kerabunya.

kulit kerdas licin di segi,
sebiji jering dikupas ditadah ke matahari,
di atas longgok yang tinggi,
dan petai yang sebesar caping,
tersusun di papan hijau tebal,

among vegetables

i enter the market,
gay as a young wife,
discovering villages and orchards,
gardens and forests,
shallow marshes, the sago valleys —
all transported by the dawn gardener,
with all the fragrance and sap of earth.

the market is a leafy bush,
its leaves are the dew of life,
the mist is still — clutching to its veins.

at the head of the junction aunt inai
in her blouse, as black as noon,
is queen over her cabbage subjects.
round, shadowy green, white as coconut milk,
its leaves are brittle on the teeth of my memory.

grandma runduk tadau wears a head-band,
her dress as old as herself,
she smiles with her eyes,
swallowing her sweet betel mix
she arranges the ferns
taken from the hill behind the hut,
as an attentive carver
she has few words
only the ferns sell themselves
with their salad brittleness and colour.

the kerdas' skin is smooth on its sides,
a jering is split and put out in the sun,
on a tall heap,
and the petai as big as gamelan cymbals
is arranged on a thick green board,

semuanya kuulamkan dengan selera ingatanku,
seperti moyangku di hutan,
tiga puluh ribu tahun dahulu.

dan ini halia, kuning-lembut
bengkok seperti bayi kesejukan,
bulunya menyimpan lumpur,
harum tajamnya merayap,
di lorong pasar.

keledek memerah tembaga,
dikumpul di dunia raganya, diserahkan kepada
matahari pagi, kumasak kuih darinya,
cucur badak berudang,
cucur keria berlubang,
sayur lemak, serawa kedah
dan kukualikan goreng garing.

di sebelahnya keladi ungu,
gemuk di paya, langit dan awan,
air menghaluskan tebal isi,
bersihkannya dari gatal,
hijau muda, berpotong dan terikat.

dan pucuk-pucuk di sepanjang pasar,
ubi, janggus, mengkudu padat di atas daun,
keladi, jikalau aku ke syurga,
inilah makananku,
pada suatu kenduri yang besar,
dan aku tak kenyang-kenyang.

dan ini pak cik dari sarawak,
giginya emas dan telinga bangga,
wajahnya tenang dan tersenyum,
dia menjual jerangau merah,
semerah halipan bara,
yang diambil dari paya kampungnya,

all these i mix into a salad in my memory's appetite
as my ancestors in the forest,
thirty thousand years ago.

and this is the ginger, softly yellow
bent as a baby in the cold,
its fine roots hoarding its mud,
its pungent fragrance creeping
all along the market lane.

the sweet potato, copper red,
gathered in its basket world, are surrendered
to the morning sun, i make cakes from their tubers,
cucur badak with shrimps,
cucur keria with holes,
vegetable in coconut soup, the kedah sweetmeat
and i cook it, deep fried.

beside it is the purple yam,
fat in the marshes, under the skies and clouds,
water refines its deep texture,
clears it from its poison,
light green, cut and bundled.

and all the shoots along the markets,
tubers, the cashews, mengkudu are full bodied over the leaves
yams, if i go to heaven,
this would be my diet,
at a great banquet,
and i shall never be full.

and here sits a gentleman from sarawak,
with gold teeth and proud ears,
his face is calm and full of smile,
he sells the red jerangau,
as red as the centipede,
uprooted from his village's swamp,

akarnya ubat kencing manis,
dan penghilang mabuk minuman.

ini pasar alam,
kerana alam dibawa ke sini.

its roots are for diabetes,
and antidote for alcohol.

that is nature's market,
for nature is transported here.

sementara

di sisi hutan
dan julangan batu
semua jalan sementara,
di sisi mega bersih
dan bukit yang berpeta kurun
semua pengembara sementara.

dalam suatu musim
daun dan ranting menagih pinjaman tanah,
bekas sepatu pendaki
di rumput paya batu
hanya tinggal gambar ingatan.

temporary

beside the forests
and tall rising rocks
all paths are temporary,
beside the clean clouds
and hills mapped by the centuries,
all travellers are seasonal.

within a season
leaves and branches return to its earth
mountaineer's boot prints
on the grass of the rock marsh
are only a sketch in his memory.

ahli politik

suaranya mengajarkan dengan kuasa ulang,
dengung dan rentaknya mengatur kehendak.
dialah penonton dirinya
yang memahami akan kesan suka kata
dan lonjak rasa di anak lidah.

kata-kata jadi banjir,
kadang-kadang tiada tembok untuknya,
makna ditembusi bunyi
atau tertanam pada dasar diri,
kata hati tercerai dari kata mulut,
rasa berdosa disembunyi oleh kejayaan.

sekarang di puncak usianya
dia diagungkan oleh bunyi-bunyi merdu,
tapi dikebumikan oleh kata-kata kosongnya sendiri.

tidak kukenali lagi
kawan lama
yang pernah peka pada bahasa
dan irama jiwa jejak lurus.

politician

his voice teaches with the force of repetition,
its echoes and rhythm arrange his wishes.
he is his own audience
who knows the punch of his syllables
and the urge on his tongue.

words flow into a flood,
at times with no walls,
words are penetrated by sound
or planted in the bed of the self,
conscience is divorced from the verbal river,
guilt hidden by success.

now at the peak
he is celebrated by melodious sounds,
but entombed by his empty words.

i do not recognise him now
that old friend
who was in love with language
and the straight rhythm of his soul.

condong cara

usia menyamarkan ketentuan.
lorong-orong menjadi tua
diulangi oleh ingatan sisa
bangsa-bangsa jadi biasa.

kucari juga kelainan
dari detik tengah usia.
tetapi yang tiba rupa biasa
yang terkelip hanya garis beza
atau condong cara.

the slant of ways

age disguises certainty.
lanes become old
repeated by left-over memory
races become familiar

yet i still search for the difference
from moments of middle-age.
but that which arrives is the familiar face
that which flickers only the line of difference
or a slant of ways.

kembara jauh

jikalau kau mau kembara jauh
kau harus pergi sendiri

semua jalannya pendek
dan berakhir di lembah riuh

kampung dijerit masalah
atau dililit adat

jikalau kau mau mendaki gunung
ikut jalan hati, di belakang kota hutan

yang terlindung dari mata pertama
atau mimpi biasa yang kabur.

tiada kampung pada cita
tiada kawan pada gagasan.

sepi itu syarat cita
mimpi itu rancangan kenyataan.

travelling far

if you want to travel far
you must go alone

all roads are short
that end in the noisy valley

the villages are hounded by quarrels
or overgrown with rituals

if you want to scale mountains
you must follow the soul, bypassing cities and forests

hidden from the first eyes
or ordinary vague dreams.

there is no village to will
no company to ideas.

desolation is the prerequisite of ambition
dreams are programmers of reality.

POEMS FROM *SEJARAH MELAYU*

Sajak-sajak *Sejarah Melayu*

mukadimah

"Hamba dengar ada hikayat
Melayu dibawa orang dari Goa;
barang kita perbaiki kiranya
dengan istiadatnya supaya
diketahui oleh segala anak cucu
kita yang kemudian daripada
kita, dan boleh diingatkannya
oleh segala mereka itu, syahadan
adalah beroleh faedah ia
daripadanya."

mamak bendahara, tun mamat
perbuatlah tuan hamba sejarah kita,
sejarah melayu dan seluruh pulau-pulaunya,
bawalah kita kembali ke siguntang yang tinggi,
ke samudera di seberang,
jawa di tenggara, bugis di perahut laut,
kepada rakyat di sawah, hutan dan pasir.

tuan hamba ialah pujangga,
tugasnya berat, semuanya mesti dijaga,
bahasa dan urutan peristiwa,
kebesaran negeri dan hati kecil manusia,
tapi yang amat agung,
perkatakanlah yang benar,
kerana kebenaran itu isi sejarah,
pembetul raja dan pengingat orang lupa,
petunjuk yang lurus
dan tiada patah di bawah pukulan.

tulislah sejarah untuk anak cucu kita
ceritakan bagaimana kita hidup di zaman ini
dan bagaimana bapa dan moyang kita
memerintah negeri dan membajak tanah.

prologue

"I hear that there is a Malay history
carried from Goa, let us
improve it with due ceremony
so that our descendants may
know it, and remember it,
and consequently gain benefit from it".

revered prime minister, tun mamat
write us our history,
of the malays and all their islands,
take us back to soaring siguntang,
to samudera, across the waters,
to the javanese in the southeast, the
    buginese on the sea's belly,
to the people in the fields, forests and sands.

you are the bard,
heavy is your duty, all must be cared for,
language and the turn of events,
the might of nations and the conscience of man,
but most important,
speak the true word
because truth is the matter of history,
straightener of kings and reminder of the forgetful
the straight pointer
that will not break under blows.

write a history for those who come after us
tell them how we live in our times
and how our forefathers
rule over the land and till it.

tell all,
so that they may be proud with our pride,

kisahkanlah semuanya,
supaya mereka akan bangga dengan kebanggaan kita,
lukislah kota dan bagan, dusun dan pelabuhan,
hutan di gunung, sungai di lembah.
dengan dakwat tuan hamba
berilah warna pada baik dan buruk,
hati bersih dan busuk,
garislah di kertas urat-urat waktu,
tarikannya ke puncak muka surat
apabila kita besar dan sedar,
kendurkannya di masa kita menyerah
dan lupakan akan makna megah.

penuhkan selat dengan air,
yang membersihkan ruyung negeri,
berilah penghormatan kepada lautan
yang menatang kita ke sini,
membuka dan meramaikan pasar,
menarik jong dan tongkang dari china,
memberi ruang kepada keling dan kainnya,
dan feringgi yang kagum dengan tamadun melaka.

cereteralah tentang manusianya,
raja-raja di istana
bendahara dengan kebijaksanaan mereka,
bentara gagah dan setia,
peperangan yang diapungkan di muka laut,
atau di pantai-pantai samudera,
ukir dengan bahasa halus tuan hamba
kecantikan puteri melayu
yang tiada bandingnya di zaman itu.

perkatakanlah keadilan
raja, putera atau menteri,
tunjukkan dengan bukti
bagaimana kebesaran dan daulat
tumbuh dari air saksama,

paint the forts and ports, the orchards and wharfs,
forests of the mountain, rivers of the valleys.
with your ink,
give the colours to good and evil,
the pure and wicked heart,
draw the muscles of time,
swing them to the peak of the page
when we were a great empire and always alert,
let it drop when we surrendered
and forgot the meaning of might.

fill the straits with water,
that cleans the boundaries of the state,
honour the the seas
that have brought us here,
opening and crowding the bazaars,
pulling junks and barges from china,
making space for indians and their cloths,
so that the portuguese are in awe of malaccan life.

appraise her people,
sultans in the palaces
the prime ministers and their wisdom,
the brave and loyal retainers,
who were taught on the waters,
or on the shores of the oceans,
carve the beauty of malay princesses
with the gentle nuances of your language
for there was none to compare with them.

speak of the justice
of the raja, princess and minister
offer the evidence of
how dignity, greatness and majesty
grew from the waters of equality,

dan air yang dicurah racun fitnah,
dikeruhkan oleh bayang-bayang
raja atau menteri
yang bercermin diri,
akan membunuh sekaliannya,
mereputkan lantai istana,
mematahkan tiang singgahsana,
dan mengalir ke perigi rakyat,
di kota atau di kampung jauh.

dan mamak bendahara, harap jangan lupa
akan bayang emas yang selalu bersinar
di mata datuk-datuk beta
serta orangkaya di balainya,
dengan segala upaya tuan hamba
lukislah betapa kuasa itu bagai kabus
cepat hilang dan menyisih,
yang perlu ialah sungai, air yang bertentu,
kasih sayang akan rakyat
dan tanggungjawab yang mengalir
dengan hak rasanya.

ajarlah anak-anak kita dengan cerita
yang tuan hamba ambil dari ingatan nyata
supaya mereka mengenali diri,
menyelam dunia dalam perasaan
dan sedia keluar ke semesta tuhan yang luas,
memikir dengan hati yang faham apa yang telah berlaku,
menjangka bentuk waktu di hadapan.
bentangkan di riba pengalaman mereka corak masa
supaya darinya datang bijaksana
yang tak mungkin ditakutkan oleh keris.

tulislah,
tulislah dengan segala alatan pujangga tuan hamba
supaya dari peristiwanya akan timbul kebesaran
dari sejarah kita dapat dipelajari kebenaran.

and the waters poisoned by slander,
or darkened by shadows
of the kings or ministers
who stand before mirrors,
will kill all,
rot the palace floors,
topple the thrones,
and flow into the people's wells,
in the city or distant villages.

and revered prime minister, please do not forget
the reflection of gold that often shimmer
in my lords' eyes
and their officers in the halls,
with all your talent
paint pictures of how power is more like mist
quickly fading and disappearing.
what is needed is a river, the reliable water,
love of the people
and a responsiblity that flows
within the conscience.

teach our children with stories
that you have picked from real memory
so that they may know themselves,
dive into the worlds within emotions
or be ready to discover the great world,
think on all that has happened with sensitivity,
and foretell the future shape of time.
unfold in the lap of experience the designs of history
so that the wisdom that rises from it
fears no kris.

write,
write with all the tools of the bard's trade
so that from events may rise greatness
from our history we may learn truth.

ceretera yang kedua

"Maka pada malam itu dipandang oleh Wan Empuk
dan Wan Malini dari rumahnya, di atas Bukit
Siguntang itu bernyala-nyala seperti api."

malam mulai pasang
dua orang gadis bersandar di depan senja
menunggu padi menyusu.
penantian melonglaikan gerak waktu.
di detik antara siang dan malam,
halaman serasa luas hujungnya,
alun langit di atasnya sesayu arus,
ada bulan muda di pucuk siguntang samar,
menyalutkan cahaya tipis pada pucuk padi,
daun-daun tertinggi jelutung, kapur hutan
sepi meresap ke akar tumbuhan,
melayang ke telinga mergastua,
tiada bunyi burung
tiada riang-riang yang menjeritkan gelap malam.
mereka pun tiada berkata, tiada kata yang datang,
seperti ada pembersih yang takut mencacatkan
kebeningan lereng dan lembah.

dari puncak bukit siguntang
terkelip kuning lembut putik cahaya,
terketar di udara, berdaun halus apinya,
sejenak memancar seperti bintang timur,
empuk memegang tangan malini,
kehairanan dialir takut.

mereka himpunkan pandangan
di pusar pucuk cahaya
seperti memeliharanya dengan kehendak
untuk dikekalkan indahnya di gunung sunyi.

chapter two

> "Then that night from their hut Wan Empuk
> and Wan Malini saw Siguntang Hill was aflame."

night has filled the universe
two maidens leant against the twilight
waiting for their padi seeds to swell.
waiting loosened time's rhythm.
at the moment between day and night,
the yard seems to widen at the edges,
the sky's clouds are sad as flowing water,
there's a young moon on si guntang's vague peak
painting a thin light over the padi shoots,
the topmost leaves of jelutung, and kapur,
silence seeps into their roots,
falls onto ears of the animals,
there're no birds calling
no cicadas shriek against the night.
they too said nothing, nothing came to their lips,
as though there's someone who would not faint
the clearness of the hills and valleys.

from siguntang's peak
a bud of fire glints yellow,
trembling in the air, its flame fine-leaved,
for a moment shinning forth as the morning star,
empuk holds malina's hand,
wonder is suffused with fear.

they gathered their sight
at the centre of the light
as though nurturing it with their will
to immortalise its beauty in the silent moments.

sunyi sempurna
ditakung oleh batu gunung
diberhentikan oleh sungai.

daun api melenggok turun
mengajak mata mencari bersamanya,
zatnya menyerap ke buah padi kuning berhijau.
dari pondok empuk dan malini
tampak cahaya cakrawala mulai merah jauh
mengerdip perlahan dengan alir sungai
bergerak menjadi kuning matang.

seperti air di awal tengkujuh
warna itu bergulung membalut, akar melonjak di batang
terus disedut urat daun lebar.

emas buahnya
dan daunnya perak
di atas langit cerahnya
di bawah mas dan perak membiak.
terketar batang padi sebukit
seperti digoncang sepadang tikus,
umbinya pecah dari kepal tanah
dialiri tembaga-suasa
perak menyilau di tiap rumpun
di ladang lereng siguntang,
meriah, dilihat oleh hutan dan bukit-bukit.

hampir subuh usia malam,
di kala bintang mulai pudar
dan langit pucat seperti pipi gadis,
bayu pun berhembus
dari puncak yang menurunkan api
sesenja tadi,
menyapu lembut di celah pohon-pohon hutan,
perlahan, dengan perlahan rentak alam,

a perfection of silence
dammed between the mountain rocks.
arrested by the river.

the leap of flame that sways down
invites the eyes to search with it,
its essence seeps into the yellow-green grains.
from their hut empuk and malini
watch the light beginning to turn distant red
twinkling slowly with the river's flow
moving to became ripe yellow.

as the rains of early monsoon
the colour rolls and envelops padi, roots push up the stalks.
then to be absorbed by veins of wide leaves.

its grains are gold,
its leaves silver
above sky is bright
below gold and silver flowing.
padi stalks tremble
as though shaken by a field of mice,
their roots are broken from the earth's grip
copper and bronze aflow
silver dazzles from each cluster
in the field against the hills,
in mirth, watched by the forests and hills.

it's almost daybreak,
when the stars are fading
and the sky is faint as a fair girl,
the breeze puffs
from the peak that first lighted a fire
a whole twilight long,
sweeping lightly between the forest trees,
softly, with the slow rhythm of nature,

cahaya itu berpindah
dari tangkai ke tangkai
memanjat lorong ke bukit
menaiki tiap rumpun,
air emas menjalar
seperti api jerami,
tetapi lebih perlahan,
lebih lembut
di dalam lindungan bukit dan sunyi.
padi cahaya berkelipan,
yang nyata jadi mimpi.

selesailah sawah diemaskan buahnya
bekulah bendang di ruyung malam
hanya kuning pinang saja memercik lunak
seperti bunga jambu dari pucuknya.

maka sejurus itu sempadan bawah pun
dicurah fajar
yang segera memberat logam, jelmaan perak.
zat cairnya berlari
ke urat dan ke lebar daun.

apabila lidah bayu menyentuh buah padi
gemerencinglah tanaman
bunyinya tersirap dari sebendang tangkai
berdengung, didengungkan oleh tebing-tebing bukit.

berkeleneng daun-daun perak,
bunyinya halus, nipis di dalam udara manis
lembut seperti loceng angin
oleh pandai perak,
sayu dan sedih.

batang suasa berdenting di lereng dan di tanah
dipukul oleh angin pemain irama
meletak rentak kepada buah dan daun.

the light flits
from stalk to stalk
climbing to hill's paths
ascending each clump,
liquid gold creeps
like straw fire,
but slower,
softer
in the bowl of hills and silence.
the padi of light twinkles,
what is real becomes dream.

thus the fields are transformed into gold
the whole plot is frozen between night's edges
only the betel yellow sprinkles softly
like the flowers of the jambu from its shoots.

then dawn light
is poured into its lower borders
that immediately weighted in metal, a show of silver
its liquid essence flowing
into the veins and the width of the leaves.

when the breeze's tongue touches the grains
the whole fields goes ajingle
its music rising from a whole field of stalks
echoing, against the hill's walls.

the silver leaves tinkle,
their note fine, drawn out in sweet air
gentle as wind-chimes
by the silver smith,
melancholic and sad.

the bronze stalks clink on the slopes and in the earth
played by the musician-wind
giving rhythm to fruits and leaves.

tiap kali bayu berubah arah
iramanya bertukar,
lagu alam dimainkan gamelan alam.

each time the breeze changes direction
the rhythm is altered,
nature's song played by nature's gamelan.

ceretera yang ketujuh (i)

"Telah Merah Silu sudah Islam, maka Merah Silu pun
tidur, maka ia bermimpi dirinya berpandangan dengan
rasul Allah (s.a.w.). Maka sabda rasul Allah pada
Merah Silu 'Hai, Merah silu, ngangakan mulutmu.'
Maka dingangakan oleh Merah Silu mulutnya, maka
diludahi rasul Allah. Maka Merah Silu pun jaga
daripada tidurnya, maka diciumnya bau tubuhnya
seperti baunarwastu."

menyeberang dari sungai tidur yang tohor,
kutemui tebing hari tenang,
alam dibingkaikan tingkap sehijau pucuk hujan,
burung memanggil dari halaman,
balam dan tekukur ada di ranting mangga.
harum melur berenang di ruang,
dan warna mawar melembutkan perasaan.
gelisah dan risau jadi udara.

bayu tipis dari celah kelapa
merayap di pucuk buluh
dan memulakan irama perlahan
pada ru, pinang dan belian.

kalimah syahadah
yang diucapkan fakir muhammad semalam,
masih terulang oleh alun ingatan,
maknanya
mendiamkan aku
dan menuntut aku beragama.

indah rasul allah
terasa di mulut,

chapter seven (i)

"After Merah Silu became a muslim, he
retired to bed. He dreamt he met the
Messenger of God (peace be upon him).
The Messenger of God said, 'Merah
Silu, open your mouth.' So Merah Silu
opened his mouth, and the Messenger
spat into it. He then woke up from
his sleep, his body fragrant all over."

crossing sleep's shallow river,
i arrived at the day's quiet bank,
the world by a window as green as the rain's shoots,
birds call from the yard,
turtle doves and tekukur are perched on the mango branches.
jasmine fragrance swims in the garden
and the roses' hue softens emotions.
anxiety and worry become mist.

a thin breeze blows from among the coconut
flitting in the bamboo leaves
and begins a light melody
in the casuarina, betel palms and ironwood.

the article of worship
spoken by the fakir muhammad, the night before
still echoes in memory's waves,
its meaning
stills me
demands me to choose a religion.

i taste the beauty of the messenger

di antara mimpi dan kenyataan,
tapi suaranya jelas,
manisan di hujung lidah
seperti air tebu sungai.

inilah kesempurnaan,
di luar, tuhan mengaturkan
alamnya dengan senyap,
di dalam hatiku tiada runsing
dan fikiran mengalir
dengan hati dan alamraya.

between dream and the day,
but his voice is clear,
honey on the tip of his tongue,
is sweet as river cane.

the world is perfection,
outside, god quietly arranges
his universe,
in my heart there is no anxiety
and thoughts flow
with the heart and the world.

ceretera yang kesembilan (i)

"Pada suatu hari baginda memberi titah kepada
Sayyidina Ali Asmayu'd-Din, "Aku hendak melihat saudaraku
betapa halnya gerangan." Maka tambah Sayyidina Ali
Asmayu'd-Din, "Jangan tuanku berangkat;
kalau-kalau datang fitnah."

izin juga patik pohonkan
izin berkata
izin mengucapkan pelajaran usia
biarlah patik jujur
menilai serta memilih.
pengetahuan itu hadiah hidup,
yang menolong hidup esoknya.

tuanku, negeri pasai dan negeri kita ini
ramai manusianya,
berbagai rakyatnya,
maka banyak pula kehendak serta caranya.
dibantu oleh waktu dan
ditolong dengan kesempatan
kehendak jadi mimpi
mimpi jadi perkiraan.

fitnah itu cara cepat
kepada mereka yang berhajat,
tiada undang-undang sopan
atau saingan fikiran
yang menyaring
gerak naik-turun kuasa.
peraturannya hukum cita-cita semata,
semuanya halal di negeri nafsu,
tiada sesuatu yang mahal terlalu.

chapter nine (i)

> "One day his majesty commanded Sayyidina
> Ali Asmayu'd-Din, "I want to see
> my brother, I wonder how he is now."
> Then Sayyidina Ali Asmayu'd-Din spoke,
> "Don't leave, you my lord; I smell some intrigue."

let my request, my lord
let me speak
let me relate the lessons of old age
let me be truthful
evaluating and choosing.
knowledge is life's prize,
that assists us tomorrow.

my lord, pasai and our state
are populous,
various are our subjects,
so many are their desires and ways.
helped by time
and assisted of opportunities
desires become dreams
dreams become strategies.

intrigue is the short cut
for the ambitious,
there's no rule of honour
for the competing mind
to evaluate
the rise and fall of power.
its rules are its own ambition,
all is legal in the enumeration of desires,
nothing is too expensive.

setiap hulubalang
menjadi pengawal peluang
senyap atau bising
mereka mengatur
tindakan yang teruji waktu.

ii

untuk hidup di takhta kuasa
janganlah belajar jujur,
itu akan menghancur
letak singgahsana.

senyap juga tiada guna
jikalau tidak digunakan waktu
untuk tujuan, tuanku.

aturlah, carilah kawan
kumpullah pengikut
untuk hari esok.
orang ramai jangan dilawan
atau ditunjuk salahnya,
kerana itu tidak bijak, ertinya,
berikan apa yang mereka mau
atau aturkan supaya mereka mau
apa yang tuanku boleh berikan.

dan jangan berlembut,
itu cara penakut,
hancurkan lawan,
lihat, hulubalang tuanku,
yang lancang selalu di sisi
dengan puji
atau melihat dengan pengikat.

each warrior
is a keeper to opportunities
quietly or speaking
he arranges
steps taken from time.

ii

to live on power's throne
speak not the truth,
that will raze
your palace.

being silent is of little use,
if time is not employed
for solutions, my lord.

arrange, find alliances
gather your followers
for the morrow.
fight not your subjects
or show them to be wrong,
that is not wise,
give them what they want
or arrange that they want
what your majesty can give.

and do not be gentle,
that is the way of the coward,
destroy your enemies,
look, my lord, your warriors
those quick to the word are always beside you
with sweet language
or watching with binding intentions.

manusia ramai,
mimpinya berlaksa,
dan fiilnya aneh,
jahatnya berbagai.

many are the subjects,
thousands are their dreams,
their ways strange,
and their crime various.

ceretera yang kesepuluh

"Kata sahibul hikayat, ada beberapa lama antaranya,
maka datanglah todak menyerang Singpura ..."

i

dengan perlahan atau serentak
balasan tiba juga,
nyawa disukat nyawa,
kecelakaan dengan perit
kematian dengan alir darah,
waktu berukur,
sejarah kita bundar.

keadilan mencari alur penyempurnaannya,
walau pun melalui sesak zaman,
tahun mewah, pekan besar,
dan lupa yang menetap di antaranya.
semuanya berbayar.

raja yang zalim
dihuruharakan negerinya,
rakyat yang dipasak di pasir
mati di lopak
menanggung keangkuhan raja.
tiap hamba yang jatuh di pantai
merebahkan tuannya.

semuanya, alam dan makhluk penghuni
dengan perlahan atau serentak
melalui tanjung sempit hukum hidup.

chapter ten

> "As it was told in the times of old, after a lapse of a
> few years, swordfishes came to attack Singapore..."

i

whether tardy or immediate
justice journeys its circle
a soul for a soul,
accidents for misfortune,
death for the killer.
time moves in measures
our history turns in cycles.

it knows its paths
although passing through the age's core
and the prosperous years, wealthy cities,
eventually all things
must be paid for, in its entirety.

the tyrant's country
crumbles in chaos,
citizens executed by fishes.
and in their death bear the king's conceit.
each person falling on the bloody beach
drags his master down.

everything, each little thing,
whether tardy or immediate
passes through judging nature.

"Tuanku, budak ini terlalu sekali besar akalnya.
Sedang ia budak lagi demikian, jikalau ia besar berapa
lagi banyak akalnya? Baiklah ia kita bunuh."

inilah penyelesainya tuanku;
budak kecil tempatnya di depan rehal
bukan tegak di pasir, mempersoal
buruk-baik urusan istana.

perkiraannya akan terus besar,
dan perkiraan adalah permulaan kuasa,
istana dan singgahsana tuanku
akan goyang dengan ribut kepintarannya,
negeri kita sudah sempurna, tuanku,
hulubalang dan orang kaya
menjaga lembah dan anak sungai,
hutan dan air.
adat kita adil,
membahagi kuasa dan hak
mengaturkan pangkat di puncak dan di akar
istiadat mendaulatkan segalanya.

negeri tuanku luas,
dengan adat dan istiadat,
bukan akal budak
anak nelayan beduk.

iii

"Adapun tatkala budak itu dibunuh, maka hak rasanya
ditanggungnya di atas negeri Singapura."

hang nadim :   aku menyatakan apa yang tumbuh di fikiran
                kata ayah sendiri kita mesti selalu bergerak
                di alur akal,

ii

"Your majesty, that child is too intelligent; if
being this young he is so clever, how much more so
would he be when he is grown up? Let's kill him."

it is so, your majesty;
the child must be a pupil
and not stand on sand
questioning the ways of the palace.

his mind will grow
and the mind is the bowl of power
your palace and throne will
rock in the storm of his ideas.
our country is perfect, your majesty,
our warriors and nobles
in control of valleys and rivers
arranging tiers at the crest as well as at the roots
tradition lends us the crown of sovereignty.

great is your majesty's territory
enhanced with traditions and ceremonies,
not by a child's mind
from the fisher's village of beduk.

iii

"When the child was killed, his pain and suffering was
borne by the state of Singapore."

hang nadim : i speak words that grow from thought,
you said that we must always move
along the groove of the mind

berbahasa lurus
dan berbuat yang benar.

kata ayah,
aku selalu harus berani berkata.
itu lebih jantan
dari jadi pahlawan,
kerana berani berfikir itu
berani berbeza dari orang tua
dan pemegang panji-panji kuasa.

ayah : peganglah tanganku, nadim
aku akan pergi bersama
kau, anakku,
dan anak kepada kepercayaanku.

suaramu datang pada telinga
yang belum mendengar kebenaran
mereka tidak biasa dengan kepintaran.

biarkan katamu
pecah di pendengaran mereka,
membuat mereka mula berbicara
dengan suara lain,
sedarkan akan wujudnya
manusia di luar istana.

tiap titik darah kita
akan dibayar dengan sejarah,
yang akan tau padahnya.

negeri ini juga akan
menanggung dosa rajanya,
singapura akan hapus
dengan kebodohannya.

pegang tanganku, nadim,
ini juga negeri kita.

speak the plain language
and act out the right.

you have said, father,
that i must dare to speak,
that's more manly
than the warrior,
for to think brave
is to risk the difference from elders
and officers of the state.

father   :   hold my hand tight, now, nadim,
i'll go with you.
you are my son,
and child of my beliefs.

your voice has fallen on ears
that have not heard of truth
they are not unaccustomed to intelligence.

let your words explode
in their eardrums,
that they may begin to speak
in another voice,
bring them news of those
outside the palace.

each drop of your blood
will be paid in history
that knows its lessons.

the country will bear
the sins of the raja,
singapura will disappear
with its folly.

hold my hand tight now, nadim,
this is also our country.

ceretera yang kedua belas

"Tiada baginda tahu akan Bendahara datang itu. Maka pintu
pun ditutup orang. Maka pada hati Bendahara Seri Wak
Raja: 'Yang Dipertuan murka akan aku, maka pintu ditutup
orang.' Maka Bendahara pun terlalu malu rasanya lalu
kembali ke rumahnya; maka ia pun makan racun lalu mati."

i

hidup itu ada sebabnya,
bahagia dunia atau kekekalan akhirat,
semuanya diarahkan oleh agama yang beralun
dengan surah dan tafsiran,
dilenturkan oleh kampung dan kota,
tangis anak dan ajakan isteri.

aku tau tuhan melihat,
menjaga hujung seperti dia mengawal permulaan,
mengaturkan jalan di antaranya,
tapi aku manusia kecil,
terkurung di istana, kata orang
dan hak manusiaku.

aku bertuan,
tiap perasaan mesti pendam di bawah
amarah atau kesukaan raja,
bahasa kususun setiap pagi supaya memanjat
kepada senyum baginda,
berbunga di mata serta air mukanya,
aku bertuan.

bertuan itu berkawan dan bermusuh,
kelakuan baik mudah diburukkan

chapter twelve

"His Majesty did not know the Prime Minister was
coming, so the doors were closed. The Prime Minister
thought 'The Sultan is angry with me, that's why the
doors are shut.' He was so humiliated; returning home,
he drank poison and died."

i

life has its own reasons,
a world of happiness or an afterworld of eternity,
floated on a religion that comes
in verses and interpretations,
softened by the villages and cities,
a child's cry and female persuasions.

i know god cares for us,
watching the end as he does the beginning,
arranging the road in-between
but i am a small being,
locked within the palace, human words
and my own rights.

i have a master,
each emotion must be buried
under his wrath or reason,
i arrange my words each morning that they may climb
and curl his lips.
bloom into his eyes.
i have a master.

a master is the ambiguous friend-adversary,
here goodness is quickly

oleh madu mulut,
hadiah langkah dari tangan murah-mahal.

ii

pintu yang menutup di muka
menutup juga jalan masa depanku,
warna perang tuanya menggelapkan matahari.

fermented by verbal honey,
or sold for a gift of gold from the ambitious hand.

ii

the door that shuts in my face
slams into my future,
its dark wood darkens the sun.

ceretera yang kelima belas

"Maka dipersembahkan oranglah kepada Sultan
Mansur Syah mengatakan Tun Perpatih Putih datang
membawa puteri China. Maka baginda pun terlalu
sukacita mendengarnya."

cantik puteri china
li po namanya.
bibirnya kecil,
mulut bulat
membuka pada gigi kecil pula,
matanya tirus seperti rusa,
dibesarkan oleh celak hitam,
sehitam rambut panjangnya
yang melurus ke bahu
disimpul untuk perkahwinan.

bajunya panjang
dari sutera biru langit,
baju pengantin direnda lengan,
disulam benang emas
dari leher ke kaki kain.

tenang puteri menunduk
berjalan diapit
tun perpatih putih yang tegak,
di po yang baik budinya.
dan anak menteri lima ratus.

malam yang dikumpulkan samar
dengan berahi kehendak,
dibiarkan baginda pasang perlahan
di ruang peraduan pengantin.

chapter fifteen

> "And the news was brought to Sultan Mansur Syah
> that Tun Perpatih Putih has arrived, bringing with
> him a princess of China. And his majesty was
> overjoyed hearing the news."

how beautiful is li po
the chinese princess.
small are her lips,
her mouth full
opening to similarly small teeth,
her eyes almond, like the deer,
but widened by the black mascara
as dark as her long hair
falling straight from her shoulders
now knotted for marriage.

her dress is long
made from sky blue silk,
a wedding dress laced at the sleeves,
embroidered with gold threads
from neck to the hem.

quiet is the bowed princess
walking accompanied
by tun perpatih putih, stepping erect,
the courteous cheng ho.
and five hundred illustrious sons of mandarins.

his majesty allows
the night to be gathered by dim light,
with fantasies of desire to climb to a night tide
in the bridal chamber.

bau mawar dan cempaka,
tanjung, melur dan kenanga
mengapungkan bilik di aliran waktu
yang tidak jejak pada usia.
semerbak bunga
membalut tipis dinding, tilam
dan dua jasad yang tergetar
oleh waktu di hujung nafas.

isteri baginda, pengantin putih kuning,
badan yang disalut sutera ulat utara
panas oleh gadisnya,
ditolong nyamankan oleh bulan

besar dan memerhatikan di atas selat.
disentuh kulit marmar puteri,
jari rencung penuh dijalin baginda,
bulat dara bahu dan susu.
tiada usia pada kecantikan,
hanya kepenuhan zat hayat.

dipeluk seluruh panas-sejuknya,
terbau harum bunga di pinggir peraduan
dan baginda berdua cair jadi laut di pantai,
menderu, dipukul angin ke teluk.
dari jauh menuruni dan memanjat gunung air
menjalani alur waktu,
gelora laut, langit tenang,
pohon ru dan ketapang jauh di pasir.
gelombang masuk ke teluk
dan akhirnya memanjat lengkung pantai
hingga badai terkuat
menghayun mereka jauh ke langit.
air jadi buih di tebing
dan pecah di nafas udara.

tidur menyempurnakan perkahwinan.

fragrance from the rose and the frangipani,
the tanjung, jasmin and the kenanga
buoys the room into time's tide
that roots them to no age.
the flower scent
thinly envelopes the walls, the bed
and two bodies shaken
by time at the end of the breath.

his consort, the fair bride
body wrapped in the northern silks
is warm with her maidenhood,
is calmed by the moon

watching over the straits.
he touches her ivory skin,
slipping his fingers into her tapering ones,
her shoulders and breast round and virgin.
ageless is beauty,
it's the full bowl of life.

he embraces her heat and cold,
inhaling the fragrance at the edge of the bed
and both of them dissolve to became sea at this edge of the beach
roaring, churned by the winds into the bay.
from afar to descend and climb mountains of water
following time's flow,
the storms and quiet skies,
the casuarina and ketapangs by the beach.
the waves rush into the bay
and finally climbs the curve of land
till the swiftest gale
swings them to the heavens.
the sea becomes foam on the shore
and breaks on the air's breath.

sleep completes a marriage.

ceretera yang keenam belas

"Kata sahibu'l-hikayat, ada beberapa lamanya maka
Hang Kasturi pun berkehendak dengan seorang dayang-
dayang yang dipakai oleh raja di dalam istana."

anum, kupilihmu dari seratus dayang istana
kerana kau melembutkan suaraku,
memulakan rindu kepada malam,
memadamkan marah kepada sultan.
anum, kupilihmu dari seratus kampung.

kini, di tengah malam bening
kita berdua hanya
beraja di istana ini.
aku sultan dan kau permaisuriku,
pasang-penuhlah hidup ini untuk sekarang.
bulan yang bergantung di tiang layar
dan memasukkan bayangannya ke muka selat
tentu faham bagaimana
aku kasih kepadamu.

dan ghairah sebesar ini
tak perlu esok.
malam ini
kita kumpulkan
segala yang ada pada dua manusia muda
di dalam suatu mangkuk waktu agung.

tapi kalau ada esok
kita akan berkasih lagi
pada esok hari,
jikalau tiada,
malam ini telah kita sempurnakan

chapter sixteen

"As is told by the sahibul hikayat, after a lapse of
some time Hang Kasturi was in love with a lady of the
king, in the palace."

anum, i choose you from a hundred girls of the palace
because you soften my voice,
make me long for the night,
extinguish my anger against the sultan.
anum, i choose you from a hundred villages.

now, in the translucent midnight,
only the two of us
ruling over this palace.
i am sultan, and you my consort,
let the tide of life flow far now.
this moon that hangs over the masts
and throws its shadow on to the straits
certainly understand
how i love you.

and a passion this great
needs no tomorrow.
tonight
we shall gather
all there is in two human beings
in the great bowl of time.

if there's a tomorrow
we will love again
on the morrow,
if not,
then tonight we have perfected it

secara manusiawi.

kupilihmu anum
dari seluruh jagat tuhan.

as human beings.

i choose you, anum,
from the whole of god's universe.

ceretera yang kedua puluh dua

"Telah laksamana datang, maka baginda bertanya kepada Laksamana
perihal tatkala di Pasai, maka Laksamana berdatang sembah,
berjahat bendahara. Maka Sultan makin sangat murka akan
Bendahara .... Maka segala kata Laksamana itu, berjahat
Bendahara semuanya dikhabarkannya pada Bendahara. Maka
Bendahara pun diam."

dengan suara apakah akan kuceritakan kebenaran?
tak mungkin ada pelat yang akan menembusi
telinga yang menutup pintu pendengaran.
seratus cerita jahat mengawal istana,
kata yang ditimbunkan di atas bangkai kehendak.
sekarang aku dikeluarkan dari kasih raja.
kusut keadaan ini akan akhirnya
terurai juga, aku masih percaya
kebenaran itu lurus jalannya,
diam sifatnya
dan tak perlu dipertahankan
dengan kata pengadang atau sembah ampun.

biar pangkat lucut
di balai penghadapan,
biar selaksa manusia
memanjang cerita yang pendek,
kebenaran itu masih diam sifatnya.
dan kebenaran itu rajaku.

chapter twenty two

"After the Laksamana arrived, His Majesty required of him of his
visit to Pasai, then the Laksamana came to pay obeisance,
speaking ill of the Prime Minister. The Sultan was angry
at the Laksamana .... All the words of the Laksamana, the ill
ones said of him were told to the Prime Minister. The
Prime Minister remained silent."

with what voice shall i relate truth?
there's no dialect that will
penetrate ears that have closed their doors.
a hundred evil stories guard the palace,
words heaped upon ambition's corpse.
now i am out of the sultan's circle of love.
this knot will in time
loosen to understanding, i still believe
that truth is a straight path,
quiet is its way
and needs no defense
nor a fortress of words or obeisance.

let my rank slip
in the reception hall,
let ten thousand men
extend the short tale,
truth is still the quiet one
and truth is my king.

ceretera yang ketiga puluh

"Kata sahibu'l-hikayat, maka tersebutlah perkataan
peri baik rupa Raja Zainal, saudara Mahmud Syah;
iaitu seorang pun tiada bandingnya pada zaman itu."

i

di kala panas petang masuk ke merah awan
tatkala matahari menggelongsor di selat
atau jadi kuning seperti pinang,
hijau seperti daun ketapang,
biru seperti air pulau karang
raja zainal berkuda di pantai,
seorangan, membawa remajanya ke lambungan kuda,
yang terbang seperti bayu barat,
rentak pemuda disatukan dengan pacu kuda,
perlahan hilang disiram kabus tempias teluk.

orangnya lampai, tegak waktu berjalan dan berkuda,
wajahnya lembut jantan,
di antaranya senyum datang
seperti wangian istana,
sehingga berbayangan kesedihan.

maka segala anak bini orang,
anak dara-dara yang taruhan
gempar di rumah mengejar kisi-kisi,
tingkap dan pintu terbuka
di kala raja zainal lalu di jalan.
hati berahi mengikut putera pulang
dengan penganan berbagai,
sirih masak menyatakan matangnya perasaan,

chapter thirty

"Says the author of the hikayat, the words now
describe how graceful the countenance of Prince
Zainal, the brother of Sultan Mahmud; no one was his
match during these times."

i

in the afternoon when the heat seeps into the clouds
when the sun slides into the straits
or turn yellow as betel-nut,
green as ketapang leaves,
blue as coral waters
prince zainal rides on the beach,
alone, taking his youth to the gallop of his mare,
that flies smooth like the western breeze,
the rhythm of the young man married to the horse's,
slowly enveloped by the mist of the bay.

he is long-limbed, straight while walking or riding,
his face soft and male,
his smile breaks like
fragrance from the palace,
such that there's a shadow of sorrow.

and all the women,
young maidens awaiting their marriage
hurried to chinks,
windows and open doors
whenever prince zainal rides past.
fantasies follow the prince home
with a thousand sweetmeats,
ripe betel leaves speak of ripe emotions,

bunga dan minyak wangi ialah harum kasihnya,
cempaka digubah dengan benang rindu,
sehingga berbayangan kesedihan.

ii

maka ada seekor kuda raja zainal,
ambangan namanya, kharasan asalnya.
matanya tenang, badannya pendek penuh,
leher jenjang menebal ke bahu bulat.
telinganya tajam, kecil, warna batu besi,
tompok-tompok putih berbunga di perut.
dahi talamnya menerima jalur
melembutkan hidung luasnya,

kakinya terukir bersih, tulangnya leper
dan tapak kakinya kecil seperti tangan puteri.

usia putera genap dua ratus bulan
pada musim kemarau tahun itu,
dia memanjat hidup ke batu puncak.
sejak lahirnya dikumpulkannya baik paras melayu
dari rahim cerah ibunya,
dari datuk dan moyangnya diambil
tulang lurus, kepala bujur,
rambut tebal hitam matahari.
kelakuannya pun baik-baik,
khusyuk menghormati orang tua di kampung,
tapi sering berhenti di permainan anak-anak,
menegur dagang serta kenalan.

suaranya lemak mersik
berlenggok seperti pantun sunda.
suara untuk bercumbu.
bahasanya halus, lembut kampung
digubah dengan perkataan sedap-sedap.
apabila zainal membentang urut cerita

perfumed flowers are the fragrance of fondness,
frangipanies are strung on a thread of longing,
such that there's a shadow of sorrow.

ii

there's a mare of raja zainal's,
ambangan is her name, korasan her origins.
her eyes are calm, her body short and full,
neck slender, thickening to her shoulders.
sharp and small are her ears, the colour of ironstone,
while spots like flowers bloom on her side.
her tray forehead lies under
a stripe that softens her wide nose.

her feet are carved clean, her bones flat
and hooves small like a princess's hands.

his age is two hundred moons
during that years draught,
he climbs to its summit's rocks.
standing there he takes the beauty of the malay
from the clear womb of his mother,
from his ancestors he borrows
the straight bones, the oval head,
luxuriant hair, as dark as the sun.
his ways are good and courteous,
humbly paying elders his respects,
but also often stops at the games of children,
or greeting traders and acquaintances.

his voice is crisp and melodious
swaying like the sundanese lyric.
a voice for love-making.
his language is measured, kampung-soft
composed with the music of the senses.
when zainal spreads the pages of his tale

suaranya bergelombang seperti laut andalas
di tengah alam senyap sepi senja,
sehingga berbayang kesedihan.

zainal dan ambangan pula seperti dua kekasih.
tangan putera raja tiap kali diterima
sebagai belaian penuh, dan dibayar
dengan antuk kepala di pipi, dengus faham perlahan.
tak mungkin mereka direnggangkan.
kuda tidur di balai sebelah,
kasih membangunnya tiga kali semalam,
perasaan dan ketenangan sama memenuhi gelap.

akan raja zainal dikerahkan orang selalu
menemani kudanya, menyediakan rumput dan taruk baru,
ambangan dimandi setiap tengah hari,
bulunya disikat hingga berminyak,
sepasu kecil wangian digosokkan,
semerbak dan sihat untuk ditunggang
ke batas kampung dan lorong pekan.

iii

kata sahibu'l hikayat,
maka cabullah melaka pada zaman itu,
undang-undang anak muda
ditulis di khayal ghairah,
mencurah dari kebebasan awal,
tiada ikatan yang tiada longgar
bila datang berahi pada separuh negeri,
mimpi dialurkan jadi arahan.

iv

telah malam jatuh perlahan
di langit, bukit, sungai dan lembah melaka,

his voice become waves of the archipelago
in the motionless quiet of twilight,
such that there's a shadow of sorrow.

zainal and ambangan are as partial as two lovers.
the hand of the prince is accepted
as a full caress, and returned
with a brush of her head in the master's cheeks, a slow knowing nod.
they could not be separated.
the mare sleeps in the adjoining room,
love wakes it thrice in the night,
feeling peace till the darkness.

and the prince's servants
keep her company, collecting grass or shoots;
ambangan is bathed each noon,
her coat brushed to shine,
a vase of fragrance is rubbed into her,
sweet smelling and healthy, to be ridden
to the village and city lanes.

iii

the author tells of melaka
swallowed by its sins,
the laws of the young
are written on dreams and passion,
pouring forth from original freedom,
there are no binds that are not loosened
when desire flooded a country,
dreams are streamed into distractions.

iv

when the night slowly darkens
the sky, the hills, streams and the valleys of melaka,

tidur pun membaringkan penunggang kuda,
berkasih dan dikasih meletihkan,
perasaan sering mengosongkan senja.

titah raja dikerjakan segera
dengan sebilah keris direjam di dada putera.
keindahan badan dan suara,
kebebasan orang muda
berakhir dengan sedih yang mengalir
dengan darah segelap malam.

sleep lays down the rider.
loving or being loved tires
feelings empty the twilight.

the commands of the king are executed
with a kris in the prince's breast.
the beauty of body and voice,
the freedom of youth
end with a sadness that flows
with blood, as dark as night.

ceretera yang ketiga puluh dua (ii)

"Adapun pada zaman itu negeri Melaka terlalu sekali
ramainya, segala dagang pun berkampung; maka dari
Air Lilih datang ke Kuala Muar pasar tiada perputusan
lagi, dari Kampung Keling datang ke Kuala Penajuh itu
pun tiada membawa api lagi, barang di mana berhenti
di sana adalah rumah orang; dari sebelah sini hingga
datang ke Batu Pahat demikian juga, kerana masa itu
rakyat Melaka sembilan belas laksa banyaknya yang di
dalam negeri juga."

i

pada musim buah, bunga dan putik mangga
gerimis warna di antara daun hijau hitam,
sepanjang jalan berkampung dari melaka ke selatan,
wangi buah menjalar ke sawah dan selera, pintu pondok
dan hidung anak-anak mengail di parit,
ke ingatan nenek dan gadis di rentak lesung
ke perhitungan peraih muda yang mengumpul wang,
untuk mas kahwin musim padi nanti.

mangga air lilih semanis rambutan muar
durian durian daun merah seperti tembaga digosok
kedondong jugra rapuh di gigi gadis taruhan
sepanjang jalan jambu jatuh ke bayangannya,
duku ungudi di pohon, ubi di ladang bukit,
di malam hari pisang dikongsikan dengan burung,
sentul busuk di ranting, langsat tiada harga lagi.

kereta lembu mengangguk masuk ke kampung.
dari air lilih roda kereta memanjat bukit
dan berkejar ke lembah hijau muda.

chapter thirty-two (ii)

"During these times Melaka was full of people, all manner of
merchants gathered here; markets lined the way from Air Lilih
to Kuala Muar; and from Kampung Keling to Kuala Penajuh
there was no longer any need to bring the fire, as whenever
one stopped one found houses; from this side of the country
to Batu Pahat, too, Melaka was full of people, because
during these times the subjects of Melaka were one hundred
and ninety thousand altogether."

i

and in the season of fruits, flowers and mangoes
shower colours into the dark green of leaves,
all along the road of villages from melaka to the south,
fruit fragrance floats into fields and appetites,
doors and noses of children fishing in streams,
into memories of ancient women and young maidens pounding rice,
into the calculations of new merchants adding profits
for a harvest-time dowry.

the mangoes of air lilih are as sweet as muar's rambutan
the durian of durian daun are red as polished copper
the kedondong of jugra are brittle on teeth of girls waiting
    for the wedding.
all along the way jambus fall into their shadows,
dukus turn purple on trees, tubers fill the hill-sides.
in the night bananas are shared with birds and foxes,
sentuls rot between their branches, the langsat is wasted.

bullock carts nod into kampungs.
from air lilih wheels whine uphill
and loosely chase down wet and green valleys.

tiap kali lembu letih atau anakku menangis
kampung kecil menunggu di balik bukit.
air atau api diberi dengan ajakan
merasa buah kayu dan berehat di balai.
ucapan selamat jalan dibekali dengan
bakul langsat, manggis dan bungkus duku.

sepanjang jalan negeriku manusia peramah;
rumah bertompok dari jalan ke sungai
kampung-kampung terkarang seperti manik
mengikut lekuk dan lurus lorong.

ii

luas berlaman rumah melaka
    bumbung layar serambi sejuk
singgahlah dulu encik dan saudara
    hari panjang matahari terik.

bumbung layar serambi sejuk
    tangga batu genting cina
hari panjang matahari terik
    di tempat kami semua ada.

tangga batu genting cina
    tingkap berukir, pintu tolak
di tempat kami semua ada
    songket trengganu, kain tengkolok.

tingkap berukir, pintu tolak
    orang kedah pandai melaram
songket trengganu, kain tengkolok
    pilihlah keris dari mataram.

orang kedah pandai melaram
    baju dijahit tukang palembang

each time the bulls are tired or my son cries
a small village awaits behind the hills.
water and fire are offered with an invitation
to taste new fruits and rest on the verandah.
the gay goodbye is loaded with
baskets of langsat and parcels of duku.

warm are my people, all along the way
houses in clusters from road to river,
villages as strung beads,
bending with curves, straightening with the straights.

ii

melaka's house is wide-lawned
    a sail-roof and verandah breezy
do stop by, good friend
    the sun is hot, the day yet early.

a sail-roof and verandah breezy
    steps of stone and china tiles
the sun is hot, the day yet early
    the morning has come to our stalls.

steps of stone and china tiles
    carved windows with swinging doors
the morning has come to our stalls
    with trengganu songket and hued head-dresses.

carved windows with swinging doors
    dandies from kedah's realm
with trengganu songket and hued head-dresses
    you may test these blades from mataram.

dandies from kedah's realm
    bajus are sewn by tailors of palembang

pilihlah keris dari mataram
pemanis muda kampung diadang.

baju dijahit tukang palembang
pakaian bentara dari ulu
pemanis muda, kampung diadang
reka melayu, potongan dulu.

iii

dari atas tikar pandan dan pelantar
bau pasar memukau lima buah kampung,
menghilir dengan sungai, memanggil orang darat
untuk menjual rotan, getah dan akar gunung.

makcik embun menjual dodol sekuning mas sumatera
warnanya disalut minyak kelapa gading.
wajik setalam dari dapur nenek jam,
pulutnya jernih, gulanya melaka asli.
maksu melur, isteri pak lela,
dalang kampung sungai rambai
menjunjung penganan berbagai warna
ke pasar yang didatangi lambat
kerana kuihnya berbagai dan anaknya ramai.

di hujung bangsal abang nadim menjaja cencaluk,
pasunya bersih, bajunya warna teluk,
udangnya halus, diambil dari tanjung keling
di kala air tenang dan bulan akan naik.

longgok ikan dihidangkan dengan bangga,
senangin untuk goreng atau gulai,
terubuk selat buat panggang di tengah hari,
untuk dicicah sekeluarga pari dan pelata,
udang ditumis dan sotong disayur,
sambal kerang, siput masak lemak

please try these blades from mataram
    handsome on the young, defenders of kampungs.

bajus are sewn by tailors of palembang
    worn by courtiers from upstream
handsome on the young, defenders of kampungs
    the style malay and the craft a dream.

iii

the smell of the market hypnotises five villages
from pandan mats and platforms,
rafting upstream, calling to remote collectors
to gather their rattan, rubbers and mountains roots.

makcik embun sells dodol that glitters like sumatran gold
its shine is filmed with oil of the gading coconut.
a tray of sweatmeats from grandmother jam's kitchen
its rice clear, its sugar from melaka.
maksu melur, the wife of pak lela,
the puppeteer of sungai rambai,
carries on her head cakes of many tastes
to the market, to which she comes late,
because her cakes are many, and so are her children.

at the southern end of the market abang nadim sat before his cencaluk
his vase clean, his baju the colour of the bay,
his shrimps fine, taken from tanjung keling
when the water was calm and the moon full.

the heap of fishes is offered with pride,
senangin for friers or kedah curry,
terubuk for afternoon roasts,
the ray fish and mackerel for the whole family,
sauteed shrimps or squid with vegetables,
peppered mussles, shells in coconut and lemon grass

dan puncak rasanya ikan parang masak asam.
semuanya diatur di atas papan bersisik
oleh abang nadim, koleknya dan selat subuh.

iv

ramai rakyat dan riuh lebuhnya
sepanjang hari kampung berwarna manusia,
pakaian terpercik ke pohon
dan hitam bayang kampung.

di simpang orang minang menjual ubat,
penawar bisa tulang, penjernih mata,
penguat urat lelaki tua, penambah berahi wanita
dan pelarisnya akar untuk sakit pening sekeluarga.

di hujung kampung terdengar sayup kecapi dipetik
mengiringi suara sedih anak muda patah hati.
dari antara suara kusut pasar
gendang memukul rentak dondang sayang,
membuat kaki anak muda
mimpikan tarian gadis termanis di kampung,
mengembalikan orang-orang tua berpuluh tahun
ke cerita lama yang disimpan dari anak-anaknya.

seharian dagang datang, dari kampung selatan
kota utara dan anak sungai yang mengeringkan bukit,
menjual manisan hutan, gula kelapa,
kain dari seribu pulau melayu,
semuanya diambil dari tanah, laut dan udara.

melaka mewah kerana manusianya bangga,
besar rasanya kerana ilmu hidup diguna dengan akal bertimbang,
tidak takut pada yang baru atau membenarkan penipu.
sembilan belas laksa semuanya
sewaktu negeri percaya kepada bangsanya.

and the most delicious, ikan parang for masak asam.
all the fishes are arranged on the scaly board,
pulled up by his nets from the dawn straits.

iv

the melakans are numerous and the streets loud,
all day long the market is coloured with people
clothes splashed to the trees and bushes
and the dark of the shadows.

at the junction a minangkabau dramatises his medicine,
cures for rheumatism, failing eyes,
slack muscles of the old, waning women's desires,
and the most popular, roots that route all pain.

at the edge of the village a young man plucks his kecapi,
accompanying the sad song of a broken-hearted singer.
from between the knotted sounds of the bazaar
the drums beat out a dondang sayang,
tempting feet to remembered steps,
to dream of dances with the kampung beauty,
returning old men to a rhythmic youth,
to old stories, stowed away from children.

traders come, all morning from surrounding hamlets,
from northern towns and creeks that drain brown hills,
bringing honey from forest trees, coconut sugar,
cloths from a thousand malay islands,
all taken from the earth, sea and air.

malacca is prosperous because it is proud,
big because its knowledge of life is from a weighing mind,
unafraid of the new, and always aware of the wrongs.
there were a hundred and ninety thousand then,
when the country believed in its people.

ceretera yang ketiga puluh empat

"Maka Melaka pun alahlah, dinaiki oleh Feringgi
dari hujung balai, tiba-tiba lalu ke dalam."

telah lama alah melaka ini
feringgi hanya pemecah terakhir
pada negeri yang diretakkan
oleh biaperi dan orang besar-besarnya.
bukit istana diusung ke parit oleh zalimnya
yang tak tertebus pada tujuh keturunan.

musuh kita ialah diri kita sendiri.
undang-undang dilenturkan untuk pilihan raja —
itulah peraturannya.
tanpa musuh luar, di laut atau parit
kita telah pun alah
oleh bahagian diri yang kita biarkan busuk.

negeri telah dirubahkan
untuk senang sebentar
si rakus riang menjual tanah
kepada musuh yang menyediakan emas
dan akhirnya kita serahkan sejarah
kepada saudagar dan feringgi biadab.

di muka rakyat
di pusat semangatnya
tertanggung malu dan kekecilan.
rajanya telah lari
di manakah tuju rakyatnya?

chapter thirty-four

"Melaka was defeated, attacked by the Portuguese
from the balcony suddenly arriving in the palace."

melaka was lost a long time ago
the portugese are the mere last soldiers
to a country split
by its own merchants.
the palace hill is dragged into the drain by cruelty
that may not be redeemed for the next seven generations.

we are our own enemies.
laws were bent for the king's favourites—
that was the law.
without the enemy from the sea or the moat
we have already lost
to that part of us left to rot.

the country has been changed
for a momentary ease
the avaricious happily sell land
to the enemy who provided gold
and finally we surrender to history
to the merchants and the barbarian portuguese

into the faces of the people
into their spirit
into the roots of their pride
shame and smallness descend.
the king has flown
where shall the people go?

pelabuhan tiada berkapal
pasar sepi
istana runtuh
kampung surut ke selatan
padi tidak berambil di sawah
dusun dinaiki selaput tunggul.

di akhir sejarah ini
tidak mungkin kita menang melawan diri sendiri.
kosong selat melayu
sarap zaman menunggu surutnya
tanah di air mengeruh sungai.
pergaduhan, mimpi dan kebanggaan dibawa banjir waktu.

the ports are shipless
the markets silenced
the palace collapses
villages flow south
padi is not harvested in the fields
orchards overgrown with creepers.

at the end of this history
we may not win fighting ourselves.
the malay straits are empty
the age's debris waits for low tide
silt clouds the river
quarrels, dreams and pride are washed away by time's floods.

THIS TOO IS MY WORLD

Ini juga duniaku

teluk

pasir lengkung yang mengepung laut
mengepung juga sebahagian alam
untuk kubawa mengungsi
di tempat kering atau manusia mati.

langit yang jatuh ke pantai basah,
air sombong yang menolak aku naik jauh ke rumput,
anak ikan mati busuk
sampah dari pohon-pohon jauh,
semuanya melingkungi
dengan bahan cakrawala.

ranting ru
yang sesekali melayangkan daun jarumnya
ke muka minyak matahariku,
tidak mengecualikan aku
dari aturan lebar.

semuanya menyeret aku ke hidup
menafikan bahawa aku sendirian,
sedih kerana lebih dimangsakan.

teluk, air, langit dan pohon,
kita kongsikan makna
yang akan kita temui.

bay

the curved line of sand that surrounds the sea
also surrounds a piece of life
that i may take with me on my exile
in the dry desert or place of the dead.

the sky falls on to the wet beach,
arrogant waters push me up far onto the grass,
the dead small fishes
debris from distant trees,
all surround me
with the flesh of the universe.

casuarina branches
that sometime launch their needles
to the oily face of my sun,
not excluding me
from their broad principles

everything drags me up to life
denying loneliness,
unhappy because i am more the victim.

the bay, waters, sky and trees,
we share the meaning
that we shall find.

katil

ini ruang hidup
dikurung oleh tembok
tapi dimerdekakan
oleh tingkap dan malam
yang selalu menerima
keletihan, keseronokan
atau hanya badan
yang tenang setelah diresap senja.

ini kapalayarku
yang membawa aku
ke syurga imaginasiku dan
mengembalikan aku kepada kemanusiaanku,
mengizinkan aku kembara pada gagasan
atau membuka akalku kepada
kecerdasan pemikir.

katil ini juga jadi bangku
di panggung malam
di mana pancaragam
memainkan lagu sedih
dendangkan cerita cinta
atau goncangkan tiangnya
dengan bunyi-bunyi yang menanjak.

katil ini
medan perasaanku
pelepas rindu atau
pemekat cinta denganmu.

bed

this is life's own space
imprisoned by walls
but freed
by windows and night
that always accept
fatigue, joy
or mere bodies
at rest after being dipped in twilight.

this is a ship
that carries me
to the heaven of imagination and
returns me to my humanity,
permits me to travel to ideas
or opens my mind to
the wisdom of thinkers.

this bed is also a chair
on night's stage
where the orchestra
plays sad songs
narrates love stories
or thrill its posts
with shrill notes.

this bed is
emotion's main square
to dissolve longing
or weave emotions.

berdiri di oxford street

berdiri di oxford street ini
bagaimanakah akan kita menghukum
bangsa pekedai
yang telah menjual tanah dan rumah
sebagian umat manusia
untuk bangunan-bangunan yang terdiri di sini?
bagaimanakah akan kita menikmati
kekayaannya
yang dibina di atas titik darah
orang hitam, merah, sawomatang atau kuning
di atas penipuan bangsa-bangsa jujur serta sopan-santun?

bagaimanakah akan kita menegur orang-orang di jalan ini
jikalau datuk-datuk mereka pernah meracuni
maori untuk tanah mereka
membunuh penghuni dan lembah dunia,
mencampuradukkan bangsa-bangsa?

berdiri di oxford street ini
aku masih melihat
orang-orang dari tanah jajahannya
masih menyembah inggeris
yang beratus tahun menghinanya
berjalan dengan lenggangnya
berfikir dengan logikanya
hidup dengan nilai-nilainya

berdiri di oxford street ini
terbayang di mataku
keruntuhan pengikutnya
jatuh ditimpa
gergasi angkuh
yang hampir mati.

standing in oxford street

standing in oxford street
how shall we sentence
this shopkeeping race
that has sold the land and lodge
of a part of humanity
for these grand buildings here?
how shall we taste
its riches
built from the blood
of the black, red, brown and yellow peoples,
and on the deception of innocent races and their countries?

how shall we greet the pedestrians
if their ancestors have poisoned
the maori for their land
killing the inhabitants and the world's valleys,
confusing the races?

standing in oxford street
i still see
tourists from the colonies
still worshipping the english
who humiliated them for a hundred years
walk with their gait
think with their syllogism
live with their values.

standing in oxford street
i imagine
the collapse of their imitators
fallen under
the arrogant
dying giant.

bomoh
(buat pak mat petah)

kami mandi berdua di sungai,
air dan lumpur zaman mengarung
di antara dua manusia
yang dipisah juga oleh dunia.

kutenung rambut dan misai putihnya
yang disikat air ulu dan kuning,
badan hitamnya
pulang pada warna tanah.

di ulu tembeling ini dialah
orang tua pada kampung tua.
sungainya dikenal dengan jari,
kulit dan hatinya,
matanya selalu merakam
dasar lubuk
dan rupa batu di jeram.
ilmunya mengalir di otot,
pusar pengalaman
bertumpu ke mata
yang akan menjadi bahasa
pada waktu yang meminta.

usia menjelaskan alam,
bukit-bukit hancur di bawah tombak hujan
dan mencetetkan air di antara tebing jauh,
kampung menjalar ke gunung,
anak-anak riuh di halaman.

the folkhealer
(for pak mat petah)

we bathed together in the river,
time's water and mud flowing
between two men
separated too by a world.

i gazed at his white hair and moustache
combed by the yellow water of the hills,
his body dark
returning him to the colour of earth.

in the hills of tembeling
he is the grand old man of the ancient village
recognizing the river with his fingers,
his skin and soul,
his eyes often measuring
the pool's depth
and the shape of the rapid's rocks.
knowledge flows in his muscles,
the whirlpool of experience
has its centre in his eyes
becoming language
on occasion.

age clarifies nature,
hills are broken under the rain's spears
and raise the bed between distant banks,
villages spread to the mountain,
and children are at their noisy games in the yard.

tukang perahu

dua batang pohon cengal
yang dituakan oleh tanah, hujan dan angin
kau jadikan lunasnya.
tegap dan lurus menjaga jasad perahu,
papan kuning kunyit
yang kau lenturkan
dengan api malam
kau izinkan menjaga lengkung badan,
buat memisahkan air dari kaki nelayan,
damar yang kau kumpul
dari hutan kau peterikan
dunia udara dan dunia air.

akar kayu kau ukirkan
menjadi bangau putih megah
pencari kawan ikan
atau penjaga tiang layar
dan dayung asin.

dari isi pohon tinggi dan hijau,
getah kulit
yang ditipis-licinkan oleh
kapak putih, pahat buruk
atau gergaji bongkok
kau bentukkan wadah hidup
untuk memudahkan
nyawa di atas
gelombang, angin musim,
atau ular di bawah permukaan.
kau seniman,
yang melayarkan hidup
di perahumu.

the boat builder

with two cengal trees
ripened by the earth, rain and wind
you shape the keel.
strong and straight, guarding the ship's body,
the saffron board
that you bend
with night fire
you let care the body's curve,
to separate water from the fishermen's feet,
the resin that you gather
from the forest is for sealing
the world of air to the universe of water.

the roots are carved
into an imperial white egret
hunter of the fish schools
or keeper of the masts
and salty oars.

with the flesh of tall and green trees,
resin
thinned and smoothened by
worn axes, old chisels
or bowed saws
you shape the bowl of life
to lighten the burden
of souls over
waves, the monsoons,
or snakes below the surface.
you are artist,
ferrier of life
in your boat.

enggang tako

eng-gang ta-ko.
apabila enggang bernyanyi
seluruh hutan jadi riang,
dan pohon-pohon pun berbunga.

eng-gang ta-ko.
lagu burung melayang turun
dari ranting cengal dan jelutung,
menggelongsor di batang resam
dan jatuh ke rumput.
suaranya turun dengan
rintik hujan pagi.

sayup lagu,
membuat hutan terbangun perlahan,
lunak dan lembut,
mencecah air sungai,
menziarahi anak di buaian,
gadis di ladang,
pria di perburuan.

eng-gang ta-ko.

enggang tako

eng-gang ta-ko
when the hornbills sing
the whole forest rejoices,
and the trees burst into flower.

eng-gang ta-ko.
the bird songs glide down
from branches of the cengal and jelutung,
sliding on fern stems
and falling to the grass.
their voices dropping
with the morning drizzle.

the quiet of the song,
slowly wakes the forest,
soft and gentle,
dipping into the river,
visiting children in their cradle,s
girls in the fields,
and boys at their hunt.

eng-gang ta-ko.

kawan-kawanku

kawan-kawanku:
batu terendam air sungai laju
pucuk-pucuk yang mengembalikan hidup
kepada musim, meminjam
warna air dan awan,
angin yang datang pada petang pedih
dan mengalir ke kekusutan hidup harian;
tanah liat yang membentuk
dengan penyemaian,
rumput dan baunya
di bawah kaki ayam.

temanilah aku
di waktu aku tergelongsor
dari hari-hari ini,
patah di malam hari
atau remuk ditentang manusia
yang maukan kemenangan
setiap detik.

temanilah aku
untuk jadi aku
jujur kepada perasaan,
peka pada semua suara,
tenang di antara manusia celaka.

my companions

my companions:
rocks soaked in fast streams
shoots that return life
to the seasons, borrowing
colours from water and clouds,
breezes that blow on bitter afternoons
and flow into life's daily confusion;
clay that is carved
with each planting,
grasses and their fragrances
underneath the chicken's feet.

be my friend
accompany me when i slip
on the days,
break in the night
or am crushed by opposition
that demands perpetual
victory.

be my friend
so that i may become myself
honest to my feelings,
conscious of all voices,
calm among condemned men.

ini juga duniaku

ini juga duniaku
perlu dilembutkan jiwa
dan arahnya.

ini juga duniaku
walau pun mukanya disalut plastik,
terkejar pada rentak mesin.

detik ini buat hidup bersama
dengannya datang makna
yang kulekapkan
kepada kepercayaan,
tulang yang kuselitkan
kepada jasad hari-hariku.

kota ini menembukkan
wujud kurus,
parit asid mengalir dekat.
tak mungkin kita bina tamaddun
di aturan jualbeli
atau pasir lombong.

aku mau nyanyikan
kehidupan dengan lagu alam,
nyaring di ladang dan tanah siang,
mendengar burung di pohon-pohon tinggi,
berenang di sungai,
ucapkan bahasa bersih,
jatuh cinta dengan manusia
yang boleh menerimaku sebagai manusia,
peka, faham dan bertolak ansur.

this too is my earth

this too is my earth
whose soul and ways
must be rendered tender.

this too is my earth
though its face is plated in plastic
rushing to the rhythm of the machine.

the moment for all to share,
with it emerges meaning
that i paste on
to beliefs
bones that i insert
into the body of days.

the city encircles
a thin existence,
a river of acid flows close by.
it's not possible to build a civilization
on the promises of trade or barter
or over the mine's sand.

i want to sing of
life with the earth's song,
loud in the farms and morning earth,
listening to birds in tall trees,
swim in the rivers,
speak a clear language,
fall in love with the human race
that can accept me as man,
sensitive, sympathetic and generous.

aku mau jejenang tingkapku
dilalui angin lembah,
kayu tiangnya semegah cengal di hutan,
tikarnya selunak mengkuang di paya.
aku mau tanahku subur,
hitam dengan zat kehidupan.

ini juga duniaku
perlu dilembutkan jiwa
dan arahnya.

I want winds from the valley
to flow through my windows,
its posts as proud as the forest cengal,
its mat as soft as the swamp pandan
i want my earth fecund,
black with life's essence.

this too is my earth,
whose soul and ways
must be rendered tender.

FROM THE SIDE OF THE SELF

Dari seberang diri

ke pusar

jalan lempang, lengkung
dan keliling
semuanya menyusun aku
ke garis wujudnya,
ke gigi alam,
air meruntun jasad
ke pusar pengakhirnya.

gunung diawasi laut
pasir pantai diarcakan arus,
air mengawal perahu
asin memutihkan tulang dan menjerukkannya.

ke mana pun aku pergi
samudera bergelombang di kesedaranku
atau membentangkan langitnya
di mata ingatan,
ke mana pun aku pergi
kudayung kembali
ke laut pertama,
dihanyutkan oleh debu
dan bulan yang menunggunya.

to the centre

the straight, the curved
and the circular
all arrange me
to their ways,
to nature's teeth,
water tugs at the body
to return to its final centre.

mountains are watched over by the sea
the beach's sands are carved by the currents,
water guards the boat
brine bleaches the bones and pickles them.

anywhere i go
the oceans make waves in my conscience
or spread their skies
in the eye of its memory,
wherever i go
i row myself back
to the first sea,
adrift on dust
and moon that awaits it.

tiada sediakala

akhirnya bertiup juga
 wisel kapal,
betapa pun indah, pantai harus ditinggalkan.
 kini, inilah semuanya.
jikalau ada kasih
 bunyi air haluan
akan mencairkannya jadi rindu.

kabus tebal oleh jarak,
 ladang, rumah dan wajah kekasih.
surut dari waktu,
 air laut terpercik di muka.

di seberang sempadan
 ialah negeri kelainan.
setia diperbarukan
 atau dilainkan,
tiada sediakala padanya.

no eternity

finally the boat's whistle
 is blown,
however fair, the beach must be left behind.
 now, this is all.
if there's love
 the sound of water at the hull
will dissolve it to longing.

the mist is thickened by distance,
 the fields, the hour and a lover's face.
ebbing from time,
 brine splashing on the face.

beyond the border
 is the country of difference.
ready to be renewed
 or made different,
there's no eternity to it.

kefanaan

sepanjang pantai esphanol
portugal berbau kesepian
disenyapkan oleh kabut
yang enggan pergi tengahari.

aku duduk di longgok batu,
jauh dari pantai
tenggelam dalam kapas kabus.
suara laut taram
dan bauh kejauhan
menolakku ke air

ini kefanaan.

transcience

all along esphanol's coast
portugal smells of loneliness
quietened by the mist
that refuses to depart at midday.

i sat on a heap of rocks,
far from the beach
drowning in the cotton of the mist.
the sea's voice muffled
and the smell of distance
pushes me into the water.

this is transience.

peladang

di suatu ladang tua
portugal utara, di musim awal gugur
tiga orang tua rukuk pada tanahnya.
terbaca di bongkoknya sejarah
dan puluh keturunan purba
pada cara dan percayanya.

tanah yang dipecahkan dari matahari
dibajak juga oleh datuknya,
rumput yang dilonggoknya di busut petang
ialah cicit kepada rumpai abad
yang direntap oleh ayahnya.
marah dan penerimaan subur di tanah.

di pagar, oak dan rumah marga,
para anggur dan telaga
hadir di seluruh ingatannya,
memanjang di kaki lumpur,
tegap dan berabuk di tengah waktu.
akhirnya mereka juga akan
diusung ke kubur
untuk pujian sahabat

pokok epal kurus ini
menyaksikan bersama angin
pembawa waktu yang singgah
di pucuk dan putik buahnya,
anak-anak nakal yang memanjatnya
dan terus besar di bawah teduhnya.

di bongkok peladang tua ini
waktu menemani kerja,
mengerakkan gandum, menumbukkan tepung,
di tanah ini mereka menumbuhkan hidup
dan akhirnya mati bersamanya

farmers

on an old farm
in northern portugal, in early autumn
three old men bowed to their land.
we read in this bow a history
and many ancient generations
in its ways and beliefs.

    the earth, cracked by the sun
    was tilled by their grandfather,
    the grass heaped on the afternoon anthill
    is descendent of the century's weeds
    that were plucked out by their parents.
    anger and surrender fertile on this land.

on the fence, oak and the clan's homestead,
the grape vines and well
are present in all their memory,
extending in the feet's mud,
still and dusty at time's centre.
they too will finally
be carried to the grave
on the last words from their friends.

    this thin apple tree
    witnesses with the wind
    the carrier of time which stops
    in its shoots and buds
    the naughty children who climb it
    and grow under its shades.

in the bent backs of these old farmers
time accompanies work,
shakes the wheat, grinds the flour,
on this earth they ripen their lives
and finally die.

roma

tiga ribu tahun berunggun
di lorong-lorong batu haus ini,
dan di lapangan kota
berpancang unggul dan tamaddun,
dari marmar mentah,
batukapur atau tembaga,
untuk mengingatkan selalu
bahawa manusia perlukan arah
dan untuk terus nyata
harus berani bermimpi.

arcanya agung dan rendah diri
dijulangkan besar dan tinggi
ke lengkung langit
dengan simfoni beribu pahat
dan huruf kearifan masa sudah.

untuk menemui manusia sempurna
mereka mengumpul mimpi,
dan berhujah bersama pemikir,
pembina dan patung-patung
yang selalu merenung-mengawas,
anak-anak di kakinya.

rome

three thousand years are heaped
on these worn pebbled lanes,
and in the city square
are staked ideals and,
from raw marble,
limestone and copper,
to remind us
that man needs the road before him
and to continue to be real
he must dare to dream.

the great and humble statues
are carved high and tell
to the sky's dome
with the symphony of a thousand chisels
and the past's wise alphabet.

to arrive at the perfect man
they gathered their dreams
and discoursed with the thinkers,
the builders and sculptors
attentive artists,
with the children at their feet.

tiada sesuatu yang terselesai

i

di gurun lengang usia
tiada sesuatu yang muktamad:
sinarnya merapuh
di puncak rembang
malam menyerap
ke bukit persoalan
yang masih berlonggok
di kantuk dinihari

ii

surut mewariskan lopak
untuk ikan dan umang-umang,
sungai masuk ke akar,
hujan mencari alur

iii

aku berangkat ke arah
setiap kali turun
menjejak tanah,
merasa becak parit
di dalam mimpi sedap,
mendengar jerit penyiksaan
di suara dan hujan manis

leiden.

nothing is ever ended

i

on age's silent desert
nothing is final:
its rays become fragile
at high noon
nights seep
into the hill of problems
that is still heaped
on dawn's sleep

ii

the ebb bequeaths puddles
for little fishes and hermit crabs,
rivers seep into roots,
the rain seeks out its channels

iii

i depart for destinations
each time
i step on the ground,
comfortable dreams are
splatted by the drain's mud,
hearing the scream of suffering
in the sounds of the sweet rain.

leiden.

laut selalu di sini

inilah jagat laut,
waktu dengan deru rahsia,
jasadnya debar
perasaannya dilambung di gelombang
dipinggirkan tebing
atau dihayun ke matahari.

di malamnya
ia bercinta dengan kegelapan
bulan bersaksi,
matanya di teluk
dan tanduk air.

the sea's always here

this is the sea's universe,
time with its mysterious roar,
its body palpitating
emotions cast by the waves
contained by the banks
or swayed to the sun.

at night
it makes love with the darkness
with the moon as its witness,
its eyes in the bay
its horns in the water.

firenze

i

lereng kana dan para anggur
memudik sungai kerikil
dan aku menyusuri bicara batunya
ke kota tua
dipagar gunung-gunung
dijaga oleh kebiasaan dan kebebasan
diairi oleh alir fikiran
yang membanjiri rumah,
sekolah dan perpustakaan.

ii

kau sayang kepada seniman,
menyekolahkan mereka
di bengkel, di dinding
di buku-buku yang mewatakkan bangunan usang
di gambar, arca, kulit
dan tanah liat yang faham
ghairah orang muda
serta pemikiran di bilik baca.

iii

gerejamu memberi petak abadi kepada pelukis, tukang,
pencipta dan arcawan,
mereka membawamu ke dunia,
menghurufkan penemuan.

apakah kebesaran?
tiap kali kulewati kotamu aku menemuinya.

firenze

i

the olive hills and grape vines
follow the stony river uphill
and i follow its rocky conversation
to the old city
to the fence of the mountains
watched over by a tradition and a freedom
irrigated by the flow of thought
that floods houses,
schools and libraries.

ii

you love your artists,
schooled them
in the workshops, on the walls
in the books that give character to your old buildings
in paper, stone, leather
and clay that understood
youth's passion
and thought in their studies.

iii

your churches received printers, carpenters,
inventors and sculptors,
they take you to the world,
transcribe your discoveries.

what is greatness?
each time i pass by your city i smell it.

fikiran dipilih dari hidup,
hidup dari perih,
perih membijaksanakan.

semuanya disempurnakan
oleh ghairah
diatur oleh adat
dimanusiakan oleh keluasan.

thoughts were drawn from life,
life from difficulties,
and difficulties teach wisdom.

all are completed
with passion
organized by tradition
humanised by its openness.

pelayar

dilambung gelombang dia mimpikan
pelukan dan bahasa wanita,
menyambutnya hormat,
untuk dilunakkan angin dan air
ribut berhenti di pintu
gelombang berdesir di landai pantai
mimpinya sehijau daratan.

dikurung oleh katil besi
tanpa ulik alun atau langit lengang,
yang dikenali hanya tipu wanita
yang bercinta dengan tangan
di dalam sakunya
dan perkelahian dengan diri
yang menduakan hujahnya.

dia kembali lagi
ke dunia bayangannya
ke laut tenang sebelum senja
lembut kabus sempurna
semuanya teratur
semua kuasa menenangkan.

sailor

cast into the air by the waves he dreams
of the embrace and language of women,
welcoming him with reverence,
to be made gentle by wind and water
storms die at the door
waves hiss at the beach's gradient
his dreams are as green as land.

imprisoned in a tiny bed
without the lullaby of the water or empty sky,
all that he knows is women's deceit
those who love with their hands
in his pockets
and quarrel with the self
that doubles his argument.

he returns again
to the world of his imagination
to the calm seas before dusk
the soft mist is perfect
all in its place
all forces bestowing victory.

hujung tusuk

yang angkuh itu
  diperkecilkan
si kerdil
maka pedihnya
  sampai
pada hak rasanya

point of the blade

the arrogant
            shall be humbled
by the dwarf
only then will the pain
            penetrate
the core of conscience.

pemain biola

kepala putihnya
digolek di leher usia,
lemah dan perlahan
bersama irama biolanya
yang sayu,
sesekali menyeberang
ke daerah mati.

ia meminta
dengan lagu,
tapi ia tidak meminta apa-apa
hanya mewarnai
bayangan kesedihan
yang menunggu
setelah berakhir muziknya.

the violin player

his white head
is turned on his old neck,
weakly and slowly
with the melody
of his sad violin,
once in a while crossing
over to death's territory.

he begs
with a song,
but begs nothing
only to colour
the shadow of grief
that awaits
after the end of his music.

helsingor

hamlet tak pernah hidup di helsingor.
hanya imaginasimu, shakespeare, memberi
jiwa kepada jasad cerita tua,
di antara bilik-bilik dan menara ini.
kau faham benar keadaan.
dan manusiamu,
pemikir di tengah-tengah pembunuh,
pemenung di tengah-tengah pemabuk,
putera peka di tengah-tengah viking kasar.

sastera lebih hidup dari kehidupan,
idea lebih tahan dari kenyataan.
berjalan di balai-balai ini
aku juga menemui soalan-soalan
yang tak berakhirkan jawapan.

bahawa separuh dari kita adalah hamlet
sudah tentu,
mesti menjawab soalan-soalan kabur
dan membina kebenaran
dari hati, akal dan kenyataan.
lantai ini berderak
di kepalaku.
aku turut tapaknya
ke menara
sama memikirkan
jalan pertanyaan
lorong-lorong jawapan
yang mungkin sesat
pada kepayahan keadaan.

helsingor

hamlet never lived here, in helsingor.
only your imagination, shakespeare, gave
soul to the body of an old legend,
between these chambers and tower.
you understood the human lot.
he was your man,
a thinker among assassins,
a dreamer among drunkards,
a gentle prince among vulgar vikings.

literature is more real than life,
ideas live longer than reality.
walking in these chambers
i too arrive at questions
that do not conclude with answers.

some of us are hamlet,
certainly,
men who must answer vague questions
and build a truth
from heart, mind and circumstance.
the floors creak
in my mind.
i follow their footsteps
to the tower
sharing
the tracks of problems
lanes of solutions
that might lose themselves
in the labyrinth of the dilemma.

THE TRAVEL JOURNAL OF SI TENGGANG II

Buku perjalanan Si Tenggang II

pulang si tenggang
(buat baha zain)

i

jarak jasmani yang kutempuh ini
adalah perjalanan jiwa,
pemindahan diri dari tanahasal
ke negeri yang dikumpul oleh mata dan akal.
ilmu yang datang darinya
adalah ilmu pendatang,
yang belajar melihat, berfikir
dan memilih di antara kenyataan
yang selalu berubah.

ii

benar aku pernah memarahi ibu atau nenekku,
tetapi hanya setelah berkali menceritakan keadaan
yang mereka tidak pun pernah cuba memahami,
isteri yang mula kucintai di waktu kesepian,
di negeri yang terlalu mengasingkan,
telah mereka bawa ke prasangka.
aku tidak pulang sepenuhnya, aku tau,
aku telah dirobah waktu dan persekitaran,
dikasarkan oleh kepayahan,
dianehkan oleh perpisahan.

iii

tapi lihat,
aku bawa pulang diriku,
yang diperbesarkan oleh rasa percaya,
diluaskan oleh tanah dan bahasa-bahasa,

si tenggang's homecoming
(for baha zain)

i

the physical journey that i traverse
is a journey of the soul,
transport of the self from a fatherland
to a country collected by sight and mind.
the knowledge that sweats from it
is a stranger's experience,
from one who has learnt to see, think
and choose between
the changing actualities.

ii

it's true i have growled at my mother and grandmother,
but only after having told them of my predicament
that they have never brought to consideration,
the wife that i began to love in my loneliness,
in the country that alienated me,
they enveloped in their pre-judgement.
i have not entirely returned, i know,
having been changed by time and place,
coarsened by problems
estranged by absence.

iii

but look,
i have brought myself home,
seasoned by belief,
broadened by land and languages,

aku tidak takut lagi pada lautan
atau manusia yang berlainan,
tidak mudah ditipu oleh sesiapa,
dengan bicara atau gagasan.

perjalanan adalah guru setia,
yang tidak pernah malas memaknakan
kebudayaan atau kelainan.
lihat, aku seperti kau juga,
masih melayu,
peka pada apa
yang kupercayai baik,
dan lebih sedia memahami
dari adik atau abangku.
dan muatan kapal ini juga untukmu,
kerana aku pulang.

iv

perjalanan membuat aku pemilih,
pencari yang selalu tidak menerima
apa yang diberi tanpa kejujuran
atau yang meminta bayaran dari pribadi.
bertahun di lautan dan negeri pesisiran
aku telah belajar membeza,
mengambil hanya yang teruji bandingan,
atau yang sesuai dengan kata-kata datukku,
yang membuat aku sering memikirkan
kampung dan kesempurnaannya.

v

aku sudah belajar
jadi kurang ajar,
memeluk kenyataan dengan logika baru,

i am no longer afraid of the oceans
or the differences between people,
no longer easily snared
by words or ideas.

the journey was a loyal teacher,
who was never tardy
in explaining cultures or variousness.
look, i am just like you,
still malay,
sensitive to what
i believe is good,
and more ready to understand
than my brothers.
the contents of these boats are yours too,
because i have returned.

iv

travel makes me
a seeker who does not take
what is given without sincerity
or that which demands payment from beliefs.
the years at sea and in coastal states
have taught me to choose,
to accept only those tested by comparison,
or that which matches the words of my ancestors,
which returns me to my village
and its completeness.

v

i've learnt
the ways of the rude,
to hold actuality in a new logic,

berdebat dengan hujah-hujah pejal dan nyaring.
tapi juga
bersopan santun, menghormati
manusia dan kehidupan.

vi

aku bukan manusia baru,
tidak terlalu
berlainan darimu;
hanya penduduk dan kota
di pantai-pantai pelabuhanku
meminta bahawa aku tidak
bermenung di depan suatu keasingan,
risau melihat kepayahan
atau takut kepada kemungkinan.

aku adalah kau
yang dibebaskan dari kampung,
tanah dan kebiasaan,
merdeka, kerana aku
telah menemui diri.

debate with hard and loud facts.
but i too
am humble, respecting
man and life.

vi

i am not a new man,
not very different
from you;
the people and cities
of coastal ports
taught me not to brood
over a foreign world,
suffer difficulties
or fear possibilities.

i am you,
freed from the village,
its soils and ways,
independent, because
i have found myself.

cerita
(buat haji sailan)

dia bercerita terus
seperti dalang yang sudah
dimasuki rentaknya.
bahasa melayunya halus
hanya sesekali suaranya
melanggar mulut tuanya.

jepara, jawa timur,
dikaburkan oleh lautan
dan enampuluh tahun
yang melontarkannya
kepada kenyataan di mata,
kaki dan tangan.

dia berakar di bumi
yang diterimanya dengan harapan muda,
dengan tiap-tiap pohon kelapa,
pisang, janggus atau keladi
yang memanusiakannya
dan mengikatnya pada relung-relung paya.

akhirnya dia menjadi
orangtua pada tanah dan sungai,
anak-anak dan cucu
di pasir atau air yang diaturkan
dengan tangan hitamnya.

dia bercerita terus padaku,
seorang pemuda yang kehilangan tempat,
aku mendengar dengan hormat dan irihati
akan penemuannya.

story
(for haji sailan)

he tells his story
like a puppeteer
seeped in its rhythm.
his language fine,
only infrequently does his voice
crash in his ancient mouth.

jepara, east java,
is obscured by the ocean
and the sixty years
that cast him
into a life of sight,
feet and hands.

he is rooted to earth
that he received with awkward hopes,
with every coconut,
banana, cashew nut or yam
that made him man
and implanted him in the marshes.

at last he becomes
an elder to land and river,
children and grandchildren
to sand or water that he dug and channelled
with his dark hands.

he narrated to me,
this a young man who has lost his place,
and i listened with awe and envy
at his discovery.

pulang

i

adakah tempat permulaan ini
juga hujung jalan
yang berputar kembali,
dan diri yang melangkah
ke depan juga undur ke belakang?

di mana aku sekarang?
di suatu pertemuan detik dan peristiwa,
perjumpaan dan penceraian
antara masa sudah dan
kekinian yang menyilaukan.

tanah ini
sudah berubah zatnya,
alam dan perkelilingan
tenat diperangi manusia.
jadi aku itu
dan aku ini
mesti hidup bersaingan,
tumbuh dengan perobahan
atau pecah tanpa penyelesaian.

ii

ranting pohon-pohon buahan
sudah menjulai ke tingkap rumah
di kampung baruku,
daunnya mencakar,
jatuh ke atas zing yang mulai berkarat.
hijau begitu hadir

return

i

is this beginning
also the road's end
that completes its natural circle,
and the man who progresses
also regresses?

where am i now?
at a confluence point of moments and phenomena,
discovering and searching
between the past
and the flaring present.

the earth is
changed in its essence,
man has declared war
on nature.
the past
and the present selves
must live as neighbours,
with the change,
or break without solutions.

ii

long branches of the fruit trees
play in the windows
of my new village,
their leaves scraping
or flapping on the rusting zinc.
how present is greenness

setelah hutan konkerit
yang selalu mengasingkan.

kanak-kanak cepat besar,
tidak pandai main di taliair lagi,
asing dari aku
yang juga diasingkan.
mereka tidak ada di sini lagi,
seperti aku juga
yang pulang hanya
sebahagian saja.

iii

di jalan-jalan baru
ditanam akar-akar baru,
rentak hidup
menyebat otot-otot
yang resah
yang seperti anjing
menunggu untuk menerkam
kesempatan dan keadaan.

alam dan tanah
sudah diniagakan,
sopan-santun dibuang
dengan buku cek yang terpakai.
rakus begini adalah nilai pembangunan
dan hanya kekayaan pengukur kejayaan.

hidup adalah perjanjian jual-beli
kebahagiaan adalah warna wang di mata.
inilah ruang pemecah aturan lama,
pematah idealisme pemuda,
kerana di sini hanya ada satu dewa
yang selalu datang kepada mimpi anak muda.

after the alienating
concrete cities.

children grow faster than time,
forgetting games at the canals,
strangers to me,
the estranged.
they are no longer here,
like me
who returns
only in part.

iii

on the roads
are planted new roots,
the tempo of the days
whips the restless
muscles
that like dogs
lie in wait for
opportunities or situations.

nature and earth
are for sale,
decorum thrown away
with the stubs of cheque-books.
greed becomes the value of the age
and only wealth measures all.

life is a sales-contract
happiness is the colour of money reflected in eyes.
this is the place to discard old ways,
to break youth's idealism,
because there is only one god
who visits the dreams of the young.

iv

pada suatu pagi yang bersih
telah datang kepadaku
seorang mahasiswa untuk meminta nota,
kerana katanya dia lewat ke kuliah,
dan aku datang kepadanya
dengan unggul lurus dan hamil,
kehidupan yang kukumpulkan beberapa lama.

kami bertemu
kesementaraan terkelip di matanya,
ilmunya datang dengan peperiksaan.
pengetahuannya akan membeli kertas
untuk ditunjukkan kepada majikan.

jadi kami berpisah
mata dan arah
berselisih lalu.

v

ini bukan kekayaanku,
diminta atau dicari
teringat atau termimpi.

kemewahan yang lekat tipis
pada aluminium hotel
lampu kaca kompleks beli-belah
mengasingkan kesedaran dan jasad
yang masih dikubangi
kaki kerbau, tiang rumah hijau berpucuk
dan masasudah di taliair.
tiap kali kuketemui saudagar
bertalileher rapi kutemui juga
peminta sedekah warna sampah
di lorong kota atau rumah kotak di semak.

iv

one bright morning
a student approached me
for lecture notes.
he was late for class, he said.
and i came to him
with ideals, still straight and pregnant,
from life collected by the years.

we met.
in his eyes twinkles his transience,
examinations shape his knowledge.
it will buy him his paper
for his prospective employer.

so we parted.
our eyes and paths
never crossing.

v

this is not my wealth
requested or desired,
dreamt or remembered.

luxury is thinly brushed
on the hotel's aluminium
chandeliers hung in shopping malls
alienate a consciousness and body
that still remember
buffalo hooves, leaves on stilts of huts
and a past on the canals.
each time i meet a businessman
stiffened by a tie, i also meet
a dust-coloured beggar
in the lanes of slums.

terlalu ramai orang kaya
pada negeri yang miskin,
terlalu riang pemudanya
di kota yang lupakan daerahnya
terlalu mahal bayaran
untuk barang yang mulanya diambil percuma.

dan kita membayar
untuk kekayaan ini
dengan kekecilan
atau dengan wang diterima
dari penggaji tokyo atau singapura

tiap kali
aku datang ke kotamu
kudengar ucapan selamat tinggal
nyaring di telingaku.

vi

terkutuklah orang tua
jikalau dia selalu mabuk
dan bising dengan usianya,
kerana waktu sudah beralih
dan dunia makin muda dan serius.
celakalah orang muda
jikalau nilainya sementara
dan seronoknya pada indera
kerana dunia ini panjang usianya
dan ada akal menunggu di belakang mata.

musnahkan sastera ini
jikalau di buku itu dipaku diri
atau halaman itu dipermainkan bangsa,
kerana diri itu terlalu kecil
dan waktu main sudah berakhir.

many are rich
in the country of the poor,
the young are too happy
in cities that forget their hinterlands,
prices are high
for things initially taken free.

and we pay
for this richness
with smallness
or with money
from tokyo or singaporean employers

each time
i visit your city
i am greeted, loudly,
with a goodbye.

vi

cursed are the old
if they are drunk
and noisy with their age,
because times have changed
and the world is younger and sober.
cursed are the young
if their values are temporary
and joy flickers in their senses
because the world is long
and there is mind behind sight.

literature is dead
if on the cover is nailed the self
or the race is humiliated on its pages,
because the self is too petty
and the game is over.

vii

pulang ini
kembali kepada keujudan
dan perkelilingan

yang menghidupkan kembali
persoalan dan masalahnya.

tiba di sini
aku kembali
terikat pada nilai-nilai
dan cara-caranya,
kembali melayu,
berakar
bertumbuh
atau berpecah.

pulang ini kembali
dengan diri
dan rumah,
negara dan manusianya.
pulang ini
menerima dan
membesar.

vii

this is
a return to life
and its offerings

that once again
begins questions and problems.

arriving here
i am returned,
bonded by values,
ways,
once again a malay,
rooted,
growing
or breaking.

this is a return
to the self
and home,
country and people.
this is a return
to accept and
to grow.

berapa banyak?

berapa banyak kemanusiaankah
harus kita berikan untuk jadi manusia
di dunia begini?
kita mesti berperang
untuk nilai-nilai yang mensejahterakan,
dan dengan berlawan
kita merosot kembali dari kemanusiaan.

untuk jadi manusia
kita harus melembutkan lawan
dengan tenang
tapi harus juga selalu
mengepung unggul
dari diri sendiri dan penyerang.

dan di dalam perlawanan
kita runtuhkan tamaddun
yang meningkat di akal
pada detik-detik dewasa

tapi pendepanan
adalah detik-henti
di waktu kita mulai mati.
dan kita pun menuruni bukit sejarah
setelah dengan ghairah memanjatnya,
dua gerak yang terlahir dalam diri.
sesungguhnya kita tak ke mana-mana.

betapa keras
untuk menjadi lembut
betapa pahit untuk menjadi manis,
betapa kejam untuk menjadi adil.

how much?

how much humanity
must i give to be human
in a world such as this?
we must fight
for values which pacify,
and by fighting
we slip from it.

to be human
we must soften the enemy
with gentleness
but always
shielding ideals
from ourselves and our adversaries.

and in the battles
we destroy civilizations
that climb into the mind
in mature moments.

but confrontations
are still moments
when we begin to die.
and we descend history's hills
after the passionate ascent,
two movements that create us.
truly, we go nowhere.

how hard
to be soft
how bitter to be sweet,
how cruel to be just.

apakah kita di sini?
hanya makluk di antara binatang,
atau manusia di antara malaikat,
yang hidup dengan indera
dan fikiran yang kita abaikan,
dan memimpikan syurga
yang bukan untuk kita?

what are we?
mere creatures among animals,
or men among angels,
that live with the senses
and the forgotten reason,
and dreaming a heaven
that's not for us?

sejarah

semuanya hadir
pada tempatnya
semuanya berlalu
pada waktunya.

diktator dijatuhkan,
penipu diketemukan dengan tipuannya,
dan kau yang mengaku besar
juga akan tenggelam,
batu pada sungai marah,
yang menempatkan segalanya.

walau pun akan surut juga
air peristiwa,
tapi detik ini maha penting,
saat-saat ini menjadi ruang
untuk makna dan pilihan.

walau pun aku kerdil,
pada ukuran keutamaan,
namun untuk ruang dan masa ini,
untuk hidup ini
kugerakkan pernyataan,
kewujudanku.

dan kau diktator,
pada tempat dan akal sempit,
perancang di belakang pintu,
pemisah golongan
untuk perhambaan
mesti berdepan dengan kami,
kerana sejarah itu simpang-siur,
kita ciptakannya bersama.

history

all things are present
in their own space
all things cease to exist
in their own time.

dictators are overthrown,
and the liar is led to his lie,
and you, the self-proclaiming hero too
will sink,
a stone in the river of wrath,
which scatters all stones.

even though the sea of situations
will eventually ebb,
this moment is eternally important,
these seconds become space
for meaning and direction.

even though i am small,
in the measurement of greatness,
yet for this moment and space,
for this existence
i find my meaning,
my life.

and you, dictator,
in the narrow place and mind,
schemer behind closed doors,
divider of peoples
for slavery
must confront us,
because history is many-junctioned,
we make it together.

janji

sekali lagi janji mati
makna dicabut dari kata
dan amalan dari kehendak pertama.

tapi itu biasa,
kerja kita bersama,
berjanji bila suka
dan mungkir bila perlu.

oleh itu, tidak perlu maaf
atau marah,
sedih atau gembira,
di atas kematian kata
kerana itu biasa.
kata-kata tidak ada maknanya,
dan itu pilihan kita.

promises

promises are strangled
meanings seized from words
and practice from the initial need.

but that's a familiar tale,
our mutual creation,
promising as we like
and lying as we need.

therefore, neither forgiveness
nor anger,
sadness or joy
over this death of words
because this is the game.
words have no meaning,
and that's our choice.

nokturno

malam ini kita punyai laut
dan langit untuk menolong kita hidup.
angin yang datang dari belakang
memujuk kita mencuba keluasan di depan,
menyuruh kita tidak takut-takut
pada ketenangan atau kelainan.

larut malam ini kita pinjam lagu alam
untuk membetulkan irama jiwa
yang patah-patah pada rentak mesin.
kupegang tanganmu
untuk kuhubungi jasadku kepada kebeninganmu.

subuh pagi ini
kita ketemui dunia
yang memahami kita.
kita rangkaikan pengalaman
untuk kita dibuktikan kemanusiaan.

nocturne

tonight we have the sea
and sky to help us live.
the winds that blow from behind us
persuade us to go into the future,
tell us not to fear
tranquility or difference.

late tonight we borrow the music of nature
to mend the rhythm of our souls
newly broken by the pace of machines.
i hold your hand
to marry my body to your lucidity.

in this dawn
we find a world
that understands us.
we string our experiences
as proof of our humanness.

POEMS OF THE OUTSIDER

Sajak-sajak pendatang

decoud

sudah sebelas hari aku hidup
di awan laut dan kakilangit ini
menunggu kepulangan yang dijanjikan.

awan laut dan kakilangit.

kakiku kaku di atas pasir
membunuh umang-umang kecil dan hodoh
sebelum mereka berkejar ke lubang.

miring pantai ini menolakku
ke gigi air
di mana buih-buih panas bermain di jari
dengan merdeka sekali.

awan laut dan kakilangit.

jikalau tiada ombak
abadilah kesepian ini,
menegang telingaku.
timur ke barat ke timur ialah laut,
tenang di bawah matahari masam.
tak ada perahu, tak ada layar—
kosong dan panjang kebiruan ini
yang menyerbu dan menenggelamkan mataku.

awan laut dan kakilangit.

kubah biru ini penjara.
hanya aku penghuni
pantai suatu akal
sepi dan panjang.

decoud

for eleven days i have lived
on this sky sea and horizon
waiting for one who promised to return.

sky sea and horizon.

my feet tread awkwardly on the sand
crushing the small ugly crabs
before they scurry back to their holes.

the gradient pushes me
to the water's edge
where the warm foam plays around my toes
with abandon.

sky sea and horizon.

if there were no waves
then this silence would be infinite,
it presses against my ear-drums.
east to west to east is the sea sun,
calm under the acid sun.
no boats, no sails—
long and empty is this blueness
it rushes in and blinds my eyes.

sky sea and horizon.

this blue dome is my cell.
i am the only inhabitant
on the shore of a mind
silent and long.

awan-awan hanya mengejar satu sama lain
ekor ke kepala, kepala ke ekor,
dan bercantum menjadi
matahari yang merenung.

awan laut dan kakilangit.

kurasa kesunyian ini
seperti jarum kakilangit
yang menikam di mana aku parah sekali.
jikalau aku berputar dan berputar
takkan ada hujungnya.

awan laut dan kakilangit.

clouds only chase each other
tails to heads, heads to tails,
to emerge
before the staring sun.

sky sea and horizon.

the solitude is
like a knife-edged horizon
cutting where it hurts most.
if i turn round and round
there is no end.

sky sea and horizon.

king lear

di dover tak ada jalan pulang dari kekhilafan,
tak ada lampu di mata gloucester
tak ada cahaya di amarah lear.
di tebing tinggi yang terjun dengan kesayuan,
inilah kesepian di hujung alam.
di antara anak-musuh dan anak-pengasih
pintu hati itu sempit dan lekas tertutup,
hati hari kejam-pejam di musim sejuk ini.
dia pernah meraja di astana panas,
tapi tahun telah lama di pundak
negeri merunduk usia.
dia raja, pembagi dan pesalahpilih
yang menghukum dengan kesombongan.
dialah hukum dan penanggung hukuman.

di dover tak ada jalan pulang dari kekhilafan,
di muka ada laut masa depan
sedalam dosa yang telah terlupa.
di sini kefanaan terdasar di hiba.
tak ada jalan keluar, harapan mati di belakang pintu.

itu takdirmu, cordelia,
di pucuk ketulusan ada
maut yang menanti.
dari ketulusan tak ada jalan ke depan,
di muka ada laskar bengis.

mati berdua ini
hukuman ayah yang jadi hakim.
di dover tak ada jalan pulang
dari ajal yang menanti
raja.

king lear

here at dover there's no way home from error
there are no lights in gloucester's eyes
no blaze in lear's wrath.
on these cliffs that dive with desolation,
is a loneliness at the world's edge.
between the enemy and the dear daughter
are narrow gates of the heart that close too quickly,
the gates are blind this winter.
he has reigned in a warm palace,
but age has long crept on his shoulders
the state bends with the years.
he was king, the provider and the wrongdoer
who judged with arrogance.
he was both judge and convict.

here at dover there's no way home from error
seaward is the future's ocean
deep as forgotten sins.
here transience is sorrow.
there is no exit, hope dies behind the door.

that's your lot, cordelia
at the essence of virtue
is death awaiting.
beyond virtue there is no future,
before you the terrifying armies.

this shared end
is the judgement of the father who judges.
here at dover there's no way home
from death that awaits
the king.

di pelabuhan

setelah kau berlayar aku tinggal di pelabuhan
menanti siang.
tapi mata yang enggan tidur juga penanti.
di sepanjang jalan ke kapal kelasi-kelasi berkelakar,
separuh mabuk, seperti menjarakkan ingatan.

bayang-bayang kapal berdiri dalam tidurnya di tepi bagan,
temali dipetik angin pagi.
di stesen keretapi
tak ada yang menunggu kekasih, melainkan aku.

pagi julai datang bergeliat dan malas.
peralihan sepi di antara waktu-kapal dan waktu-tidur
penuh di mata dan ingatan.

di restoran pelabuhan, pelayan ngantuk melayani,
merungut bahawa hari masih dingin.
di hujung bagan seseorang menyanyi
dengan muram subuh.

burung camar diam sekarang,
tanpa teriakan laparnya—
kukira tidur di sarang kerikilnya.
pada hari kau pulang nanti,
aku mau di bagan sendiri,
menanti siang,
menanti di pelabuhan.

at the harbour

when you went away, i remained at the harbour
waiting for day.
but sleeplessness drew long lines of waiting.
sailors, half drunk, clowned all the way to their boats.
perhaps they too were trying to forget a story.

the dark silhouettes of ships stood in sleep along the pier,
their rigs disturbed by the morning breeze.
along that platform to the station
nobody waited for love but me.

the july morning arrived late and lazy.
lonely transition from sleep time to ship time
filled eyes and memory.

in the harbour restaurant, the sleepy waitress yawned
and served me, saying it was cold.
somebody down the docks sang
in a vivid morning melancholy.

without their hungry cries
the gulls are quiet now
in some rocky nest, perhaps,
i want to be alone
on the day you return
waiting for daybreak
at the harbour.

mahasiswa

tak ada satu kata
dapat memberhentikannya dalam perian
lesu, patah,
kulitnya diliatkan
matahari dan angin,
mukanya dipisahkan
dari pencukur.
jeans birunya kusam
bertampal pada tampalan,
kaki seluarnya berbisik dengan simen
tiap kali tapaknya menyeret ke bawah.
tangannya kosong
berhayun tanpa
kehidupan atau kematian,
seperti bergantung kepada keraguan.

sampai di simpang jalan
dia berhenti,
seperti kereta tua,
nadinya tidak bergetar
untuk menyerbu arah.
sampai di sini,
ke mana seterusnya?
di depannya pekan
amerika yang dibina
oleh orang tuanya, datuknya
moyangnya yang memburu
orang-orang asli.
di depannya katahati
yang tak mungkin diatasi.

di kiri kedai-kedai cantik
warna pilihan dan cermin di muka
yang tak mungkin dimakan peluru.

undergraduate

no single word may
arrest him in portraiture
weary and broken,
skin thickened
by the seasons of sun and wind,
his face oblivious
to the scratch of blade.
his blue jeans are ancient and dull
patched over the patches,
cuffs quarrelling with the street
each time his heels drag him down.
empty hands
swaying without
life or death
as though suspended from doubt.

reaching the junction
he stops,
like an old car,
his pulse not eager
to rush forward.
after this,
what then?
before him the american city
that his father and his father's father built,
his ancestors who once hunted
the indians.
before him is his conscience
that may not be hushed.

on the left the fashionable shops.
colours picked by experts,
bullet-proof panes.

di kanan bank besar
yang menelan pelanggan
di bawah termometer dan jam
yang tak pernah tepat.
di belakangnya universiti
yang setiap tahun
menaikkan yuran,
yang hidup di antara
halaman buku, makmal
dan janji bendaan dan kemewahan.

'shit' makinya
menghukum tamadun orang tuanya
yang mulai menggelongsor
ke parit gelap zaman.

di situ dia berjumpa wanitanya
senyum, menyambut kasihnya
di pinggang, dengan erat.

mungkin ini,
kasih,
dapat dan berani
menafikan segalanya
di muka, di belakang
di samping dan di atas,
mengatasi kesedihan ini,
kematian di asia yang tak
dapat dilekangkan dari kesedarannya,
letusan bom yang
menyerpihkan kewujudannya.

on his right the important bank
that devours its customers
under the thermometer and clock
that never tell the truth.
behind him the university
that raises its fees
every year,
that lives between
pages, laboratories
and the promise of means and money.

'shit', he curses,
sentencing the civilization of his father
that begins to slide,
into time's dark drain.

he meets his girl there
he smiles, greeting her
at her waist, tightly.

perhaps this,
these emotions,
will and dare
defy all
that stand before, behind
and beside and over him,
overcoming this suspended sorrow,
death in asia that he may never
peel off from his conscience,
the exploding bombs
that splinter his existence.

di kubur chairil

i

kau tau akhirmu akan di sini,
kelam dan angin jalannya lewat
tanah merah dan rumput subur ini.
di karet, sepi telah datang
pada akal puisimu yang bening dan bising.
dua puluh tujuh tahun terlalu
singkat untuk seni,
untuk bahasa yang beribu
tahun umurnya.
kau hidup seperti mengira saat
memaksa waktu membuka perbendaharaannya.
kau pencari wanita dan pencari tuhan sekaligus,
sekaligus kurangajar dan pesakit yang menerima akhirnya.

aku dapat bayangkan
matamerahmu merenung melalui
tanah berdebu ini,
tak mau pejam-pejam.
kau terlalu hidup untuk mati,
terlalu mudah untuk berbaring begini.

ii

aku tak akan berdoa
kerana aku tak pandai berdoa lagi.
tapi aku tau kau telah
hidup sebagai manusia
dan mati sebagai manusia
semuanya dalam batas alam.

at chairil's grave

i

you know that you will return to this place,
darkness and the wind will pass
over this laterite and green grass.
in karet, solitude has fallen
on the clear and noisy mind of your poetry.
twenty seven years is
too short for art,
for languages that live
beyond the years.
you lived counting the seconds
forcing time to open its chest of treasure.
you are the seeker after woman and god
the rebel and the patient who eventually surrenders.

i can picture
your red eyes staring through
this dusty sod,
refusing to close their lids.
you are too alive to be dead,
too young to lie down here.

ii

i shall not pray
because i have forgotten how to.
but i know you have
lived as man
and died a man
all within the frame of nature.

iii

keberanian intelektual itu
lebih payah dari keberanian jasmani.
kau berani melihat dan memikir,
berdiri di tengah kenyataan
yang dielakkan oleh zamanmu.
dengan diri yang bernyala
kau bakar kata-kata usang
dan menggali makna dari bahasa
yang hampir mati dicekik kebiasaan.

iv

dua puluh tujuh tahunmu berselerak dengan hidup
keaslian dan pengaruh ulangbalik
dari timur ke barat, dari amir hamzah ke marsman.
kau tak memilih wanita atau hidup
untuk hidup seribu tahun
setelah hari esoknya.

iii

intellectual courage
is more demanding than the physical.
you dared to see and think,
standing amidst a reality
evaded by your time.
with a flaming self
you burnt the old world
and dug out meaning from the dying
language, strangled by its cliches.

iv

the twenty seven years were strewn with life
originality and influence ebbing and rising
from the east to the west, from amir hamzah to marsman.
you chose neither women nor life
to live a thousand years
after tomorrow.

kata-kata

kata-kata memulakan ini —
janji-janji kekesalan,
dusta yang meregang
kalimat palsu.

di antara pedih dan kepalsuan
aku pilih kepalsuan
kerana ia memberi
nafas di antara tangisan.

tapi salah aku
menipu
tak memaknakan maknaku.
kata-kata memulakan ini —
pedih ini.

words

words began this —
tedious promises,
lies that held together
the false sentence.

between pain and lies
i once chose to have lies
for they gave
breath between tears.

but the error is mine
being false
not to mean my meaning.
words began this —
this pain.

Monographs in International Studies
Titles Available from Ohio University Press
1995

Southeast Asia Series

No. 56 Duiker, William J. Vietnam Since the Fall of Saigon. 1989.
Updated ed. 401 pp. Paper 0-89680-162-4 $20.00.

No. 64 Dardjowidjojo, Soenjono. Vocabulary Building in Indone-
sian: An Advanced Reader. 1984. 664 pp. Paper 0- 89680-
118-7 $26.00.

No. 65 Errington, J. Joseph. Language and Social Change in Java:
Linguistic Reflexes of Modernization in a Traditional Royal
Polity. 1985. 210 pp. Paper 0-89680-120-9 $20.00.

No. 66 Tran, Tu Binh. The Red Earth: A Vietnamese Memoir of Life
on a Colonial Rubber Plantation. Tr. by John Spragens. 1984.
102 pp. (SEAT*, V. 5) Paper 0-89680-119-5 $11.00.

No. 68 Syukri, Ibrahim. History of the Malay Kingdom of Patani.
1985. 135 pp. Paper 0-89680-123-3 $12.00.

No. 69 Keeler, Ward. Javanese: A Cultural Approach. 1984. 559 pp.
Paper 0-89680-121-7 $25.00.

No. 70 Wilson, Constance M. and Lucien M. Hanks. Burma-Thai
land Frontier Over Sixteen Decades: Three Descriptive Docu
ments. 1985. 128 pp. Paper 0-89680-124-1 $11.00.

No. 71 Thomas, Lynn L. and Franz von Benda-Beckmann, eds.
Change and Continuity in Minangkabau: Local, Regional, and
Historical Perspectives on West Sumatra. 1985. 353 pp. Paper
0-89680-127-6 $16.00.

*SEAT= Southeast Asia Translation Project Group

No. 72 Reid, Anthony and Oki Akira, eds. The Japanese Experience in Indonesia: Selected Memoirs of 1942-1945. 1986. 424 pp., 20 illus. (SEAT, V. 6) Paper 0-89680-132-2 $20.00.

No. 73 Smirenskaia, Ahanna D. Peasants in Asia: Social Conscious ness and Social Struggle. Tr. by Michael J. Buckley. 1987. 239 pp. Paper 0-89680-134-9 $14.00.

No. 74 McArthur M. S. H. Report on Brunei in 1904. Introduced and Annotated by A.V.M. Horton. 1987. 297 pp. Paper 0-89680-135-7 $15.00.

No. 75 Lockard, Craig A. From Kampung to City: A Social History of Kuching, Malaysia, 1820-1970. 1987. 325 pp. Paper 0-89680-136-5 $16.00.

No. 76 McGinn, Richard, ed. Studies in Austronesian Linguistic 1986. 516 pp. Paper 0-89680-137-3 $20.00.

No. 77 Muego, Benjamin N. Spectator Society: The Philippines Under Martial Rule. 1986. 232 pp. Paper 0-89680-138-1 $15.00.

No. 79 Walton, Susan Pratt. Mode in Javanese Music. 1987. 278 pp. Paper 0-89680-144-6 $15.00.

No. 80 Nguyen Anh Tuan. South Vietnam: Trial and Experience. 1987. 477 pp., tables. Paper 0-89680-141-1 $18.00.

No. 82 Spores, John C. Running Amok: An Historical Inquiry. 1988. 190 pp. Paper 0-89680-140-3 $13.00.

No. 83 Malaka, Tan. From Jail to Jail. Tr. by Helen Jarvis. 1991. 1209 pp., three volumes. (SEAT V. 8) Paper 0-89680-150-0 $55.00.

No. 84 Devas, Nick, with Brian Binder, Anne Booth, Kenneth Davey, and Roy Kelly. Financing Local Government in Indonesia. 1989. 360 pp. Paper 0-89680-153-5 $20.00.

No. 85 Suryadinata, Leo. Military Ascendancy and Political Culture: A Study of Indonesia's Golkar. 1989. 235 pp., illus., glossary, append., index, bibliog. Paper 0-89680-154-3 $18.00.

No. 86 Williams, Michael. Communism, Religion, and Revolt in Banten in the Early Twentieth Century. 1990. 390 pp. Paper 0-89680-155-1 $14.00.

No. 87 Hudak, Thomas. The Indigenization of Pali Meters in Thai Poetry. 1990. 247 pp. Paper 0-89680-159-4 $15.00.

No. 88 Lay, Ma Ma. Not Out of Hate: A Novel of Burma. Tr. by Margaret Aung-Thwin. Ed. by William Frederick. 1991. 260 pp. (SEAT V. 9) Paper 0-89680-167-5 $20.00.

No. 89 Anwar, Chairil. The Voice of the Night: Complete Poetry and Prose of Chairil Anwar . 1992. Revised Edition. Tr. by Burton Raffel. 196 pp. Paper 0-89680-170-5 $17.00.

No. 90 Hudak, Thomas John, tr., The Tale of Prince Samuttakote: A Buddhist Epic from Thailand. 1993. 230 pp. Paper 0-89680-174-8 $20.00.

No. 91 Roskies, D.M., ed. Text/Politics in Island Southeast Asia: Essays in Interpretation. 1993. 330 pp. Paper 0-89680-175-6 $25.00.

No. 92 Schenkhuizen, Marguérite, translated by Lizelot Stout van Balgooy. Memoirs of an Indo Woman: Twentieth-Century Life in the East Indies and Abroad. 1993. 312pp. Paper 0-89680-178-0 $23.00

No. 93 Salleh, Muhammad Haji. Beyond the Archipelago: Selected Poems. 1995. 247pp. Paper 0-89680-181-0 $20.00.

No. 94 Federspiel, Howard M. A Dictionary of Indonesian Islam. 1995. 327 pp. Paper 0-89680-182-9 $25.00.

No. 43 **Harik, Elsa M. and Donald G. Schilling.** The Politics of Educa
tion in Colonial Algeria and Kenya. 1984. 102 pp. Paper 0-89680-
117-9 $12.50.

No. 44 **Smith, Daniel R.** The Influence of the Fabian Colonial Bureau on
the Independence Movement in Tanganyika. 1985. 99 pp. Paper
0-89680-125-X $11.00.

No. 45 **Keto, C. Tsehloane.** American-South African Relations 1784-
1980: Review and Select Bibliography. 1985. 169 pp. Paper 0-
89680-128-4 $11.00.

No. 46 **Burness, Don,** ed. Wanasema: Conversations with African
Writers. 1985. 103 pp. Paper 0-89680-129-2 $11.00.

No. 47 **Switzer, Les.** Media and Dependency in South Africa: A Case
Study of the Press and the Ciskei "Homeland". 1985. 97 pp.
Paper 0-89680-130-6 $10.00.

No. 49 **Hart, Ursula Kingsmill.** Two Ladies of Colonial Algeria: The
Lives and Times of Aurelie Picard and Isabelle Eberhardt. 1987.
153 pp. Paper 0-89680-143-8 $11.00.

No. 51 **Clayton, Anthony and David Killingray.** Khaki and Blue:
Military and Police in British Colonial Africa. 1989. 347 pp.
Paper 0-89680-147-0 $18.00.

No. 52 **Northrup, David.** Beyond the Bend in the River: African Labor
in Eastern Zaire, 1864-1940. 1988. 282 pp. Paper 0-89680-151-9
$15.00.

No. 53 **Makinde, M. Akin.** African Philosophy, Culture, and Traditional
Medicine. 1988. 172 pp. Paper 0-89680-152-7 $16.00.

No. 54 **Parson, Jack,** ed. Succession to High Office in Botswana: Three
Case Studies. 1990. 455 pp. Paper 0-89680-157-8 $20.00.

No.56 Staudinger, Paul. In the Heart of the Hausa States. Tr. by Johanna E. Moody. Foreword by Paul Lovejoy. 1990. In two volumes. 469 + 224 pp.,maps, apps. Paper 0-89680-160-8 (2 vols.) $35.00.

No. 57 Sikainga, Ahmad Alawad. The Western Bahr Al-Ghazal under British Rule, 1898-956. 1991. 195 pp.

No. 58 Wilson, Louis E. The Krobo People of Ghana to 1892: A Political and Social History. 1991. 285 pp. Paper 0-89680-164-0 $20.00.

No. 59 du Toit, Brian M. Cannabis, Alcohol, and the South African Student: Adolescent Drug Use, 1974-1985. 1991. 176 pp., notes, tables. Paper 0-89680-166-7 $17.00.

No. 60 Falola, Toyin and Dennis Itavyar, eds. The Political Economy of Health in Africa. 1992. 258 pp., notes. Paper 0-89680-168-3 $17.00.

No. 61 Kiros, Tedros. Moral Philosophy and Development: The Human Condition in Africa.1992. 199 pp., notes. Paper. 0-89680-171-3 $18.00.

No. 62 Burness, Don. Echoes of the Sunbird: An Anthology of Contem–porary African Poetry. 1993. 198pp. Paper 0-89680-173-X $17.00.

No. 63 Glew, Robert S. and Chaibon Babalé. Hausa Folktales from Niger. 1993. 100pp. Paper 0-89680-176-4 $15.00.

No. 64 Nelson, Samuel H. Colonialism in the Congo Basin 1880-1940. 1993. 248 pp. Paper 089680-180-2 $20.00.

Latin America Series

No. 9 **Tata, Robert J.** Structural Changes in Puerto Rico's Economy: 1947-1976. 1981. 118 pp. Paper 0-89680-107-1 $12.00.

No. 12 **Wallace, Brian F.** Ownership and Development: A Comparison of Domestic and Foreign Firms in Colombian Manufacturing. 1987. 185 pp. Paper 0-89680-145-4 $10.00.

No. 13 **Henderson, James D.** Conservative Thought in Latin America The Ideas of Laureo Gomez. 1988. 229 pp. Paper 0-89680-148-9 $13.00.

No. 16 **Alexander, Robert J.** Juscelino Kubitschek and the Development of Brazil. 1991. 500 pp., notes, bibliog. Paper 0-89680-163-2 $25.00.

No. 17 **Mijeski, Kenneth J.,** ed. The Nicaraguan Constitution of 1987: English Translation and Commentary. 1991. 355 pp. Paper 0-89680-165-9 $25.00.

No. 18 **Finnegan, Pamela.** The Tension of Paradox: Jose Donoso's *The Obscene Bird of Night* as Spiritual Exercises. 1992. 204 pp. Paper 0-89680-169-1 $15.00.

No. 19 **Kim, Sung Ho and Thomas W. Walker,** eds. Perspectives on War and Peace in Central America. 1992. 155 pp., notes, bibliog. Paper 0-89680-172-1 $14.00.

No. 20 **Becker, Marc.** Mariategui and Latin American Marxist Theory. 1993. 239 pp. Paper 0-89680-177-2 $18.00.

No. 21 **Boschetto-Sandoval, Sandra M. and Marcia Phillips McGowan,** eds. Claribel Alegria and Central American Literature. 1994. 263 pp., illus. Paper 0-89680-179-9 $20.00.

No. 22 **Zimmerman, Marc.** Literature and Resistance in Guatemala: Textual Modes and Cultural Politics from El Señor Presidente to Rigoberta Menchú. 1995. 2 volume set 320 + 370 pp., notes, bibliog. Paper 0-89680-183-7 $40.00.

ORDERING INFORMATION

Individuals are encouraged to patronize local bookstores wherever possible. Orders for titles in the Monographs in International Studies may be placed directly through the Ohio University Press, Scott Quadrangle, Athens, Ohio 45701-2979. Individuals should remit payment by check, VISA, or MasterCard. * Those ordering from the United Kingdom, Continental Europe, the Middle East, and Africa should order through Academic and University Publishers Group, 1 Gower Street, London WC1E, England. Orders from the Pacific Region, Asia, Australia, and New Zealand should be sent to East-West Export Books, c/o the University of Hawaii Press, 2840 Kolowalu Street, Honolulu, Hawaii 96822, USA.

Individuals ordering from ouside of the U.S. should remit in U.S. funds to Ohio University Press either by International Money Order or by a check drawn on a U.S. bank.** Most out-of-print titles may be ordered from University Microfilms, Inc., 300 North Zeeb Road, Ann Arbor, Michigan 48106, USA.

Prices are subject to change without notice.

* Please add $3.50 for the first book and $.75 for each additional book for shipping and handling.

** Outside the U.S please add $4.50 for the first book and $.75 for each additional book.